安徽省2017年度高校优秀青年人才支持计划项目“高校图书馆阅读推广研究”（项目编号：gxyq2017247）阶段性研究成果

高校图书馆阅读推广研究

李 明 著

中国国际出版集团
China International Publishing Group
朝華出版社
BLOSSOM PRESS

图书在版编目（CIP）数据

高校图书馆阅读推广研究 / 李明著 . — 北京 ： 朝华出版社， 2019.3（2020.9 重印）
ISBN 978-7-5054-4451-5

Ⅰ . ①高… Ⅱ . ①李… Ⅲ . ①院校图书馆—读书活动—研究 Ⅳ . ① G252.17

中国版本图书馆 CIP 数据核字（2018）第 292898 号

高校图书馆阅读推广研究

作　　者　李　明

选题策划　张汉东
责任编辑　刘小磊
责任印制　张文东　陆竞赢

出版发行　朝华出版社
社　　址　北京市西城区百万庄大街 24 号　　**邮政编码**　100037
订购电话　（010）68996050　68996618
传　　真　（010）88415258（发行部）
联系版权　zhbq@cipg.org.cn
网　　址　http://zhcb.cipg.org.cn
印　　刷　北京虎彩文化传播有限公司
经　　销　全国新华书店
开　　本　710mm × 1000mm　1/16　　**字　　数**　185 千字
印　　张　12.25
版　　次　2019 年 3 月第 1 版　　2020 年 9 月第 2 次印刷
装　　别　平
书　　号　ISBN 978-7-5054-4451-5
定　　价　65.00 元

前言

读万卷书，行万里路。阅读是人类进步的阶梯，是人类文明传承的重要活动方式。阅读水平的高低，直接决定着国民的素质，也直接影响着国家和民族的综合实力。古今中外，政府国家、社会团体、仁人志士和普通大众，都有积极推进阅读的优良传统，特别是近十年来，阅读成为社会广受关注的话题。随着计算机网络信息技术的不断变革和社会文化的不断变迁，读者的阅读习惯也随之不断发展变化。今天既是阅读的好时代，也是阅读面临严重危机的新时期。如今，世界各国和地区，都在大力倡导阅读，将全民阅读推广提升至国家战略高度。

全民阅读推广事业是一项系统工程，需要社会各界全力、持续、用心地组织开展形式多样、内容丰富、卓有成效的阅读推广活动。高校图书馆拥有独特的人员、资源和设施优势，面对思想活跃、阅读素养高、个性化需求强的师生读者，有责任发挥自身优势开展阅读推广活动满足读者的阅读需求，以便充分发挥学校文献信息中心功能，营造浓郁的阅读氛围，构建书香校园。同时，在中国特色社会主义新时代，我国社会主要矛盾已经转化为人民日益增长的美好生活需要和不平衡不充分的发展之间的矛盾。高校图书馆作为社会文化信息中心，有义务联合校内外其他部门和机构，整合校内外各种资源，面向社会读者开展阅读推广活动，满足社会大众信息素养教育和知识汲取欲望，引领社会阅读风气，构建书香社会。面对新技术、新知识、新理念和读者阅读的新需求，高校图书馆阅读推广工作亟待进一步加强理论自觉和管理自觉，完成工作转型、升级的目标。

本书包括三篇十二章内容，以国内外阅读推广思想的起源、发展和现状为出发点，系统阐述阅读推广理论思想的发展历史和阅读推广工作的实践历程，为本书奠定理论基础。随后，全面梳理目前国内高校图书馆阅读推广工作的概况、主要内容和利益相关者，为本书奠定实践基础。最后，通过调研、总结和分析高校图书馆阅读推广未来发展趋势并提出具体工作策略，为本书奠定希望愿景。全书坚持理论联系实际，以实践为中心，旨在为高校图书馆及同仁们组织开展校内外阅读推广工作抛砖引玉，为全民阅读推广工程建设添砖加瓦。由于作者学识和阅读有限，不足之处，敬请广大专家学者和同仁批评指正。

本书前后历时两年多编写而成，写作过程既充满艰辛也洋溢着幸福。本书参阅国内外众多专家学者的研究成果，这些成果对作者写作提供了很多的借鉴，在此由衷地表示感谢。同时，作者在研究写作过程中得到了亲朋好友、专家领导和广大师生们的大力支持，在此要特别感谢父母、爱人和孩子在背后的默默支持，要感谢徐文老师、王永飞老师、王德银老师、钟源老师、林赞声老师和王险峰老师等领导、同人们的帮助，要感谢安徽省图书馆、安徽大学图书馆、安徽建筑大学图书馆、合肥学院图书馆、铜陵学院图书馆、铜陵职业技术学院图书馆、铜陵市图书馆和铜陵市新华书店等单位相关领导的指点和关怀，要感谢铜陵职业技术学院2014级、2015级和2016级文秘、电子商务等专业学生的协助。

李明

2017年12月24日

目录

第一篇　研究综述

第二篇　高校图书馆阅读推广工作

第三篇　高校图书馆阅读推广发展趋势及策略研究

第一篇

研究综述

人类步入信息社会以来，世界各国普遍认识到阅读已经不仅仅是个人的事情。一个国家、一个民族的阅读水平和高度，直接关系到这个国家和民族的兴旺发达和国际地位。将“全民阅读”“终身教育”和“大众学习”上升至国家战略高度，让全民在书香社会中体验阅读带来的愉悦，是一个国家必须要实施的战略部署和主动行为，而这一工作的最终落脚点归根结底就是阅读推广。

“阅读推广”一词来源于英文“Reading Promotion”和“Promotion”，不仅可翻译成“推广”，还有“促进、提升”的意思。自 1997 年联合国教育、科学及文化组织（以下简称“联合国教科文组织”）发起“全民阅读”（Reading for All）以来，“Reading Promotion”一词开始常见于联合国教科文组织、欧美各国图书馆界、社会媒体等机构或组织中的各种工作总结与规划报告。不同国家和地区说法不一，国外一般将其翻译成“阅读促进”，我国大陆地区一般统一翻译成“阅读推广”。

阅读推广，既是图书馆一种新型服务，也是图书馆导读、参考咨询和书目推荐等传统服务的延伸和拓展。阅读推广思想几乎与图书馆思想同时诞生，在图书馆思想的发展过程中随之不断成熟，直至现在已经成为图书馆学科的一个主要研究内容和发展领域。联合国教科文组织起初倡导和组织阅读推广活动的主要目标和任务是扫除文盲、全民教育和终身学习，以推动公民基本文化权益的实现。从广义上讲，阅读推广就是推广阅读，培养国民阅读兴趣，提升国民阅读能力，解决国民阅读障碍，以提升国民文化素养和社会文明程度。

第一章　国内外图书馆阅读推广思想综述

第一节　国外图书馆阅读推广思想的历史演变

一、国外图书馆阅读推广思想的萌芽（529—1849）

早在公元 529 年，意大利人本尼狄克（Benedict）在罗马附近建立修道院并为其制定管理制度时，便把读书当作使人信教和修行的一种手段。同时代的，古罗马政治家、学者、修士卡西奥多鲁斯（Flavius Magnus Aurelius Cassiodorus Senator）在为修道士编辑的百科全书式的专著《宗教文献和世俗文献指南》中编写了一份解题书目，并第一次强调世俗文献对基督教的重要性[①]。可以说，西方阅读推广最初的推动力量是教会，他们认为阅读是教徒坚定宗教信仰、培养美好品德的重要手段。17 世纪初，德国著名图书馆学家诺德（Nord）正式提出："图书馆不应该只为特殊阶层服务，应该向一切愿意来图书馆学习的人开放。"在这一思想的引领下，许多西方国家的图书馆凭借自身的资源和专业优势，成为大众学习和生活的有力助手。

1807 年，德国图书馆学家马丁·施莱廷格（Martin Schrettinger）首次提出"图书馆学"，标志着现代图书馆学的诞生。同时，阅读推广思想伴随着图书馆学的发展逐渐在各种图书馆学思想和潮流中生根发芽。1823 年，安东尼（Anthony）

① 图书馆发展史［EB/OL］.［2017-11-19］.http://www.docin.com/p-287924958.html.

在《少年宗教指导》上发表文章《少年阅读小组》,讲述了一个具体的阅读推广案例，详细描述了一群 9~15 岁的少年自发组织的图书阅读交流探讨小组，小组成员每周在属于他们的“小图书馆”里聚集一次，共同阅读他们喜欢的藏书或交流读书心得体会。在每周聚会时，每个成员还捐赠 1 分钱给“小图书馆”作为图书采购经费。安东尼高度赞扬了这群少年热爱阅读的精神，并倡导其他家庭引导孩子们参与或模范学习，通过阅读提升少儿们的知识、素养和品格[①]。

二、国外图书馆阅读推广思想的发端（1850—1930）

19 世纪中叶，被称为“英国公共图书馆之父”的著名图书馆学家爱德华·爱德华兹（Edward Edwards）在总结概括以往图书馆管理经验的基础上，首次提出建立全国性公共图书馆系统，并直接促成了英国国会于 1850 年颁布《公共图书馆法》。1852 年，曼彻斯特在英国率先成立公共图书馆，同时任命爱德华兹为曼彻斯特市公共图书馆馆长。任职馆长期间，他积极摒弃“重藏轻用”“收费、限制使用”等图书馆传统资源管理理念，坚持免费、平等、开放和平民化的服务价值观，积极开展采编、阅览、流通等各项工作，使图书馆成为当时英国各地公共图书馆仿效的榜样。他在著作《图书馆回顾》(*Memoirs of libraries*)，包括《图书馆管理》(1858)、《免费的市立图书馆》(1869)、《不列颠博物院创办人生平》(1870）等文献，提出免费的市立公共图书馆是图书馆的最高形式，也是面向社会的重要形式。在他的倡导下，免费开放的公共图书馆正式诞生并得以迅速发展，英国广大的中产阶级及以下阶层的大众阅读率得到了显著提升，也直接迫使早期收费的会员制图书馆（Subscription Library）和流通图书馆（Circulating Library）逐渐退出历史舞台，图书馆阅读推广思想和工作取得了实质性的进展。

爱德华兹的忠实崇拜者美国图书馆学者麦维尔·杜威（Meville Dewey)，在 1889— 1906 年担任纽约州立图书馆馆长期间，开展了参考服务工作，同时，为推进社会特殊群体阅读建立了盲人图书馆、妇女图书馆和儿童图书馆，为推进社会大众教育和提高大众识字率建立了流动图书馆制度，设立巡回文库，极大促进了

① 王余光 . 图书馆阅读推广研究［M］. 北京：朝华出版社，2015：115.

偏僻地区的居民尤其是农民的阅读水平和阅读率提升。1876年美国图书馆协会成立时，他提出“用最低的成本，以最好的书刊，为最多的读者服务”的“三最”原则和“在适当的时间,为适当的读者,提供适当的图书”的“三R（right合适的）”准则。“三最”原则和“三R”准则，不仅充分体现出他倡导的实用主义图书馆学思想，而且极大地推进了近代图书馆阅读推广事业的发展。同时，杜威认为：“图书馆是最好的教育场所，是‘民众大学’；读者高于一切。”在杜威有关图书馆阅读推广思想的影响下，越来越多的图书馆专家学者开始认识到图书馆在大众阅读过程中的重要作用和意义。1897年，时任美国图书馆协会会长提出：“给读者以帮助和指导的图书馆馆员的个人影响，是构建社区阅读模式的最重要的潜在力量”①。

三、国外图书馆阅读推广思想的初步形成（1931—20世纪60年代末）

1931年，著名的印度图书馆学家阮冈纳赞（S.R.Ranganathan）撰写出版了享誉世界的《图书馆学五定律》（*The Five Laws of Library Science*），标志着图书馆阅读服务和推广思想的初步形成。在书中他提出：“书是为了用的”，即强调图书馆的主要职能不是收藏和保存图书，而是使图书得到充分的利用；“每个读者有其书”，即强调书的使用者，要求图书馆向一切社会大众敞开大门，让每个人都享有利用图书馆的平等权利，真正做到书为每个人和每个人都有其书；“每本书有其读者”，即强调为每本书找到其合适的读者，图书馆不仅要通过开架制提高藏书的利用率，也要通过编制目录、参考咨询和导读等阅读服务等宣传手段实现这一目标；“节省读者的时间”，即强调采用开架借阅以节省读者时间的同时，还强调通过科学排架、目录工作、参考咨询服务、出纳系统、馆址选择等多种途径来节省读者的时间；“图书馆是一个生长着的有机体”，即图书馆是由藏书、读者和馆员三个生长着的有机部分构成的结合体，馆员必须主动适应不断激增的藏书和不断发生需求变化的读者。②图书馆第五定律是图书馆

① Readings' advisory［EB/OL］.［2016-10-15］.https：//en.wikipedia.org/wiki/Reader%27_ advisory.
② 阮冈纳赞.图书馆学五定律［M］.夏云等，译.北京：书目文献出版社，1988.

职业最简明的表述，核心思想就是要求图书馆向一切人敞开大门，要求图书馆开展推广（宣传）工作，以提高图书资源利用率和读者阅读率。

同时，在图书馆学“实用派”思潮完全占据主流的美国图书馆界期间，图书馆学“理念派”代表人物皮尔斯·巴特勒（Pierce Butler）在1933年撰写发表的《图书馆学导论》（*An Introduction to Library Science*）一书中同样也强调图书馆作为保存、传播人类记忆的重要机构，强调图书馆为科学研究提供素材。在其专著第四章中，他更是直接阐明了图书馆员应该掌握文学史、科学史、学术文献史、书目史等知识及其原因，认为图书馆员的任务是为其服务的社会收集对社会福祉最重要的文字记录，并尽力开发这些记录以使之得到最大利用[①]。

另外，几乎与阮冈纳赞处于同一时代的美国图书馆学家杰西·H·谢拉（Jesse H. Shela）在其著作《图书馆学引论》（*Introduction to Library Science*）中写道：“人们创建图书馆是为了满足某些社会需要……社会是图书馆的支柱，反过来，图书馆必须满足社会的要求并对其负责任……认识图书和了解读者是图书馆生存的量大支柱，而书目工作联系着图书和读者，是图书实践活动的中心。”[②]书中提及的书目工作是解决文献交流问题的最早尝试之一，不仅减轻读者们的阅读负担，更是一把获取精神财富的钥匙，书目工作也成为图书馆阅读推广工作早期的主要服务内容。这一时期，阅读推广思想虽初步形成，但对推广思想的研究主要还是以实践案例介绍和推广为主，仍夹杂在各种图书馆学理论体系之中，尚未形成较为独立的、完整的理论体系和研究方法。

四、国外图书馆阅读推广思想的兴盛（20世纪70年代至今）

尽管图书馆服务与阅读存在着天然的联系，但在20世纪70年代以前，图书馆界一般不认为阅读推广是一种独立的图书馆服务，而是将它当成图书馆宣传、书目推荐的方法之一，分散而零星地夹杂在各种图书馆借阅服务之中。随着联合

① 张大英．巴特勒《图书馆学导论》述评［J］．图书馆，2011（5）：42–44.
② 杰西·H·谢拉著，张沙丽译．图书馆学引论［M］．兰州：兰州大学出版社，1986：311.

国教育、科学及文化组织（以下简称“联合国教科文组织”）等组织和机构开始重视各国、地区的阅读和出版工作，不断组织各种形式的阅读推广活动。同时，由于网络和信息技术对图书馆传统服务的不断冲击，图书馆作为社会公共信息中心的位置逐渐下降，已经不再是唯一的公共信息中心。面对挑战，图书馆开始依托自身资源，主动出击，结合营销等知识和手段，组织各类推广活动，旨在摆脱单一的信息服务形象。至此，阅读推广得到了实质性的快速发展，开始从依附于图书馆宣传、图书馆营销的一种服务方式，逐渐发展成为一种主要的图书馆服务模式或图书馆服务体系中一个新的领域。阅读推广逐渐作为图书馆的一种专业化服务，在伴随实践活动不断深入的同时，其理论成果包括核心价值、研究方法、管理与服务也在不断成熟，图书馆阅读推广思想正式形成。

（一）联合国教科文组织与阅读推广

联合国教科文组织是世界阅读推广活动的主要推动者。1972 年，联合国教科文组织决定把 1972 年定为“国际图书年”，口号为“Book for All”（可译为：“全民读书”或“书为人人”）。1982 年，在世界图书大会上，提出“走向阅读社会——八十年代的目标”（Towards a Reading Society：Targets for the 1980s）项目，制定了实现“阅读社会”的目标。1997 年，联合国教科文组织总干事和埃及文化部长签署了关于发起国际“全民阅读”（Reading for All）项目的备忘录，同年 7 月 24 至 25 日，第一届国际“全民阅读”专门委员会会议举行，发出了“国际社会进一步开展阅读推广努力”，随即得到世界各国积极响应，“全民阅读”理念更是在全球范围内得到传播和认可。1995 年，联合国教科文组织正式确定 4 月 23 日为“世界图书与版权日”（世界读书日），2001 年又发起“世界图书之都”计划。在联合国教科文组织的倡导下，世界各国图书馆界纷纷组织开展形式多样、内容丰富的阅读推广活动，阅读推广理念愈发根深蒂固。

（二）社会各界与阅读推广

与此同时，世界各国图书馆学者、政府及政府官员、民间机构和普通大众，也在积极开展阅读推广工作，并不断加强阅读推广的理论研究。

1. 学者研究观点

20 世纪 70 年代，随着欧美国家越来越重视阅读和阅读推广工作，学者们开始专门针对阅读推广进行研究，出版发行了一系列专业研究文献。1975 年，理查德·斑伯格（Richard Bamberg）应联合国教科文组织之约，对当时国际阅读推广理论与实践进行了全面梳理和总结，撰写发表文章《推广阅读习惯》（*Promoting the Reading Habit*）。文中讨论了阅读对于个人和社会的重要意义、国际阅读现状、阅读教育、读者的阅读动机、影响读者阅读兴趣的因素和如何培养读者阅读兴趣和习惯等问题，为如今的阅读推广工作与理论奠定了重要的理论基础。[①]

20 世纪 70 年代后期至 80 年代，阅读推广在国外逐渐发展成为普遍的、长期的、有规律的活动。这一时期，不仅欧美发达国家在关注、实施阅读推广，而且东南亚、非洲等地区的政府和学者们也开始注意和研究阅读推广。先后出版问世了《东南亚图书推广》（*Promotion Books in Southeast Asia*）、《非洲图书推广和资源共享》（*Book Promotion and Sharing of Resources in Africa*）和《南非文学推广：八十年代初的多方面调查》（*The Promotion of Literacy in South Africa：a Multi-faceted Survey at the Satrt of the Eighties*）等专著[②]，阅读推广在发展中国家得到了宣传和发展。

20 世纪 90 年代开始，国外学者开始重新审视图书馆的功能和核心价值，希望通过明确图书馆服务宗旨，明确图书馆在大众继续教育和终身学习过程中的角色定位。1992 年，美国图书馆学家巴克兰德（Michael Buckland）等人在《重新设计图书馆服务》一书中指出："图书馆首要目的是提供服务，即使人们能够从中获得信息。……图书馆服务有两条根本原则：一是服务的作用是便于文献的获取；二是帮助它所服务的机构完成其使命，或帮助用户实现自己的目的，这是有效的图书馆服务的依据。"[③]文章的核心思想中不仅强调资源对图书馆的重要性，还重视图书馆服务的设计工作，认为在新的技术环境下要重构图书馆的服务体系，要发挥自动化服务的便捷性，要将传统的一对一式直接服务方式转变为以读者为

① 王余光 . 图书馆阅读推广研究［M］. 北京：朝华出版社，2015：115–116.

② 王余光 . 图书馆阅读推广研究［M］. 北京：朝华出版社，2015：116.

③ Buckland M K，Gorman M. Redesigning library services：A manifesto［M］.Chicago，IL：American Library Association，1992：3.

中心的自助式服务。同时为适应这种变化，需要调整图书馆的服务框架，包括读者支援工作，其中参考服务、读者阅读指导、第三者机构的中介服务与阅读推广工作关系密切的服务将显得尤为重要。1995 年，美国学者沃尔特·克劳福特（Walt Crawford）和米切尔·戈曼（Michael Gorman）在其合著的《未来的图书馆：梦想、狂想与现实》（*Future Libraries：Dreams、Madness and Reality*）提出“图书馆新五定律”（Five New Laws of Librarianship），即图书馆服务于人类文化；掌握各种知识传播方式；明智地采用科学技术提高服务质量；确保知识的自由存取；尊重过去，开创未来[①]。“新五定律”，再次强调了图书馆的社会教育职能和以“读者”、“用户”为中心的图书馆服务理念。

2. 社会各界工作实践

在美国，联邦政府一贯注重阅读推广促进工作。1987 年，前总统里根将当年确定为“读书年”，倡导政府、图书馆、学校等社会各界向中学生推荐优秀读物。1997 年，前总统克林顿发起“阅读挑战”运动，以期提高民众阅读率。2002 年，前总统小布什颁布《不让一个孩子掉队法》（*No Child Left Behind*），宗旨是提高学生的语言水平和阅读能力。2009 年，前总统奥巴马制定全民阅读方案，签署《美国复苏和再投资法案》（*American Recovery and Reinvestment Act*），强调重视开展阅读提升计划。

在英国，政府是推进全民阅读的重要力量。1998 年，英国政府提出“打造一个举国皆是读书人的国度”的口号，确定当年 9 月至次年 8 月为“读书年”。2003 年，英国文化、媒体和体育部发布报告《未来的框架：新十年的图书馆、学习和信息》（*Framework for the Future□ Libraries, Learning and Information in the Next Decade*），提出“阅读是所有文化和社会活动的首要任务”，并将“阅读推广和促进非正式学习”作为现代图书馆的首要使命。

在德国，非营利性组织和民间机构在全民阅读推广事业中的作用尤为显著，其中最为著名的是成立于 1988 年的德国促进阅读基金会（Stiftung Lesen）。基金会作为一个常设的全国性文化机构，常年与社会各界积极合作，致力于宣传阅读文化、唤醒阅读意识、树立阅读理念、促进阅读发展，开展诸如德国“阅读起跑线”、全国朗读日、朗读志愿者俱乐部等全民阅读推广项目，深受国民欢迎。

① 景海燕．图书馆学新五律［J］．图书馆理论与实践，1998（3）：57–58.

第二节　中国图书馆阅读推广思想概况

一、中国阅读推广思想源泉

在中国，“阅读推广”与“导读”是一对近义词，两者既有相同内容，也有不同之处。推荐书目，就是导读的主要内容之一。正如清代学者王鸣盛在《十七史商榷》中所说：“凡读书最切要者，目录之学。目录明，方可读书；不明，终是乱读！”推荐书目是古代老师们引导、鼓励学生阅读的重要途径之一。早在先秦时期，孔子认为，阅读是学习的重要手段，所以他编撰了“推荐书目”——“六经”，以《诗》育“温柔敦厚”，以《书》育“疏通知远”，以《乐》育“广博易良”，以《易》育“洁静精微”，以《礼》育“恭俭庄敬”，以《春秋》育“属辞比事”[①]。因此，可以说从这一时期开始，我国就出现了阅读推广的雏形——推荐书目。及至宋朝，随着印刷术特别是活字印刷术的发明和应用，刻书、印书之风大兴，社会书籍数量剧增，极大促进了文献信息的保存和流通。同时，在结束五代十国长期分裂的局面后，统治者为加强对人们的思想控制，也急于恢复纲常伦理、传播文化，开始了长时期的大规模的以国家为主导的图书收集和书目编辑工作。当时，官、私书目都很发达，极大地促进了社会阅读，其中最为著名的官方书目有《崇文总目》《秘书总目》《中兴馆阁书目》《中兴馆阁续书目》等，私藏书目有晁公武撰《郡斋读书志》、陈振孙撰《直斋书录解题》、尤袤撰《遂初堂书目》、田镐撰《荆州田氏书目》、吴良嗣撰《籝金堂书目》、江正撰《江氏书目》、李淑撰《邯郸图书志》等。另外，各朝各代影响力较大的推荐书目还有王俭撰《七志》、阮孝绪撰《七录》、张之洞撰《书目问答》、梁启超撰《西学书目表》等。目前，中国现存最早的推荐书目是在敦煌发现的《杂钞·书目》（巴黎藏伯字第 2721 号），该书目用问答的形式为青年士子开列了 25 种文献[②]。

此外，撰写文章阐述教育思想、鼓励学习也是古代圣贤促进阅读的一种表现

①［汉］戴圣．礼记 / 张延成，董守志编著．礼记［M］．北京：金盾出版社，2010：508–512.

② 王沥．图书馆之最［J］．当代图书馆，1996（4）：58–61.

形式。曾子在《大学》中讲“格物致知”，教导学生先接触天下的读物，学会“解文”，再探究文本的意蕴，了解读物的全部内容；《论语·颜渊第十二》率先提出“以文会友”，一面指作者写出文章用来传播给读者，借此聚会朋友，另一面指读者借阅读文章与作者及其他读者对话，用来聚会朋友；在《论语·学而》提出通过阅读以“省身修已”，曰：“吾日三省吾身：为人谋而不忠乎？与朋友交而不信乎？传不习乎？”在《大学·经一》中说阅读可以“齐家治国”，“阅读治人”的功能由小到大又延展为“齐家、治国、平天下”。此所谓：“身修而后家齐，家齐而后国治，国治而后天下平。”①《荀子·劝学》中也系统地论述了学习的理论和方法，前一部分（第一段）论述学习的重要性，后一部分（第二、三段）论述学习的步骤、内容、途径等有关问题。朱熹，重修白鹿洞书院，修复岳麓书院，提倡州学县学，推行移风易俗的教化，编著小学大学的教本《小学》《童蒙须知》和《经筵讲义》。黎靖德编《朱子语类》，发扬朱熹读书思想：读书的意义，即“学固不在乎读书，然不读书则义理无由明”；读书的态度，即“勇猛奋发，推勘到底”；读书的方法，即“循序渐进”“熟读精思”；读书的目的，即“读书穷理，当体之于身”。同时，各朝代的文人骚客们鼓励读书、提倡阅读的巨作和警言名句更是数不胜数。

虽然，中国阅读推广思想历史悠久，研究内容丰富，但受制于当时的文明程度和中国传统治学研究方法的影响，阅读推广一直主要处于个人探索和宣教模式，并没有形成有组织、大规模、延续性强、效用显著的阅读推广体系，也没有专门针对阅读推广的文献巨著和纲领性理论基础。

二、中国早期图书馆发展历程及阅读推广思想

（一）中国古代图书馆及阅读推广思想

殷商时期（约公元前 1600 年—约公元前 1046 年），就有专门从事王室记事的史官负责记录并保存典籍。《左传·僖公五年》记“勋在王室，藏于盟府”，周天子设“盟府”专门收藏、管理盟约文书，其所谓“官守其书”，“盟府”一般被

① 曾祥芹．儒家阅读思想的第一传承人——曾子“读文”论发微［J］．山东图书馆学刊，2012（2）：1–8.

视作图书馆雏形。此后历朝历代官方都有类似机构，例如：秦代的“石室”，汉代的“兰台”、晋代的“秘阁”、唐代的“秘书省”、集贤殿书院、宋代的“崇文院”、元代的“秘书监”、明清两代的“文渊阁”、清末的京师图书馆等。作为世界文明发源地之一，中国古代图书馆事业非常发达，在悠久的历史发展过程中，逐渐形成了官府、私人、书院和寺观四大类型图书馆，不仅拥有大量的官府藏书机构，还有大量的民间藏书机构，如岳麓、应天、石鼓、白鹿洞等书院藏书机构，南宋陆游的“书巢”、明代祁承爜的“澹生堂”、清代范钦的“天一阁”等私人藏书机构和一些道观寺庙藏书机构。虽然这些藏书楼的功能是以藏书为主，但也有以利教化、推广阅读的作用，在一定时期和一定范围内也满足了部分社会大众的阅读需求。1857 年创建于上海的皇家亚洲文会北中国支会图书馆，为方便图书管理和使用，1907 年开始编制并采用卡片目录，卡片中著录的内容包括杜威十进分类法的分类号和索引款目以及卡特著者号码等；1900—1902 年期间，徐树兰效仿其他国家藏书阁与学堂相辅而行之法，开始创办古越藏书楼。藏书楼在其继承者的努力下于 1903 年建成，并于 1904 年开始对外开放，成为我国历史上最早向公众开放的私人藏书楼。此外，虽然大多私人藏书楼不向社会开放，但也能切实有效地满足家人、朋友和其他学者阅读的需求，同时还有传承文明、传世经典的重要作用，无形中有力促进了阅读活动的开展。

（二）中国近代图书馆及阅读推广思想

1. 高校图书馆阅读推广

第一次鸦片战争（1840—1842 年）后，国门洞开，西方传教士在华活动日益频繁。为加强对中国人民的思想教化和控制，西方人开始在中国大兴教会学校。教会学校附设的图书室是具有近代图书馆性质的新型藏书机构。1847 年，上海天主教耶稣会在上海徐家汇开始创建“徐家汇”藏书楼。1879 年，美国圣公会上海主教施约瑟在上海创办中国第一所大学圣约翰大学，1894 年又附设图书馆。20 世纪末，清政府也逐步开始允许、鼓励各级政府和社会力量兴办学堂，1898 年，京师大学堂虽几经周折但最终正式成立，校内的京师大学堂藏书楼（北京大学图书馆前身）随即建立。随着各地高校图书馆的创办，高校图书馆在推动教育的同时，也纷纷实行对外开放，组织阅读推广活动，例如：江苏省立教育学院江阴巷实验民众图书馆为“以谋书籍到民间，达教育大众之目的”，开办民众图书馆、巡回文库、民众阅报处；福州协和大学及其图书馆为“开通民智”，办“农村试验区”，在农村设立民众阅报室，并为当地儿童提供课外读物等。回顾这一时期有关高校图书馆阅读推广的工作和研究，要以被美国图书馆协会出版的《世界图书馆情报百科全书》中尊称为“中国现代图书馆之父”的李大钊为第一人。他在担任北京大学图书馆馆长期间，开展了以下六项创新性阅读推广事业。一是，利用《北京大学日刊》开展阅读指导和新书推荐工作，开设专门阅览室延长阅览室开放时间，发挥图书馆的社会教育职能，促进读者阅读马克思主义和十月革命的进步书籍。二是，制定《修正图书馆借书规则》和《北京大学总务处图书部试行条例》等规章制度，逐步完善读者借阅制度，采用增订非复本书、新设独立阅览室，方便读者阅读。三是，重设图书馆机构，开始“第二学堂”，明确工作岗位职责，增加参考咨询、指导阅读、学术报告、书刊专题展览和陈列等工作内容。四是改革藏书管理办法，决定“以杜威十进法为基础，按本馆所藏书籍之情况，略有变通”，将本来书本式书目改为卡片式书目，由原来文库式借阅改为开放式借阅，方便读者查找利用文献。五是重视书刊宣传、利用，指出“藏书贵为活用，欲活用故奖励借书。借书之事，乃成为图书馆中最重要的问题”，所以采用各种方法“使各种书籍发挥很大的作用”。六是向社会宣传图书馆，开展社会化阅读推广工作，如在北京女子高等师范学院开设“图书馆教育”讲座课，参加北京高等师范学院举办的“暑期图书馆讲座”，开创了图书馆教育的先河，促进了社会大众接受、认识、利用和研究图书馆；发起成立了以“图谋北京各图书馆之间协助互益……馆际互借与互换出版物”为宗旨的“北京图书馆协会”。[①]李大钊的图书馆阅读推广思想来源于他摒弃封建藏书楼重藏轻用的理念，目的是将图书馆由半封闭状态转变为开放式图书馆，将图书馆员的工作职责内容由传统的“守书”变为保存图书和利用图书，将图书馆的服务对象由特殊人群变为“社会一般人民”，将图书馆的工作内容由传统的借阅为主变为“采、分、编、典、阅、借”并驾齐驱。为实现他的图书馆管理理念和宗旨，他不遗余力地

① 刘群．李大钊与中国现代图书馆［J］．图书馆工作与研究，2001（6）：25–28.

开展了大量阅读推广工作，为中国现代图书馆阅读推广事业奠定了实践和理论基础，对如今阅读推广工作仍然具有深刻的指导意义和参考价值。

2. 公共图书馆阅读推广

在中国，现代意义上的公共图书馆几乎与大学图书馆同时起源。1895 年，康有为、梁启超在北京办了“强学会”，设“书藏”部门，供大众阅读，体现出强烈的公共服务意识。1902 年，清政府颁布《钦定学堂章程》，首次在官方文件中使用了从日本引进的“图书馆”一词。随后在“开民智，以行立宪”的热潮中，各地新型图书馆如雨后春笋般纷纷建立。1903 年，古越藏书楼的诞生标志着中国私人藏书楼开始向公共图书馆的过渡①；同年，最早以“图书馆”为名的图书馆——湖南常德图书馆正式运营②。1908 年，清朝两江总督端方在江苏省南京市创办中国最早的公共图书馆——江南图书馆，1909 年，张之洞奏请筹办京师图书馆。新型图书馆在工作宗旨上相较于传统藏书楼有了一定的转变，即以“保存国粹，输入文明，开通知识”为宗旨③，如 1921 年，刘国钧先生在《近代图书馆之性质与功用》一文中指出：近代图书馆具有自动化（自行种种方法引起社会上人人读书之兴趣）、社会化（将注重对象由书籍而变为其所有服务的人，使图书馆为社会之中心）、平民化（应为多数人所设）等特征。1923 年，他又在《美国公共图书馆概况》一文中谈到，近代图书馆的基本任务是“以用书为目的，以诱导为方法，以养成社会上人人读书之习惯为指归”④。这一时期的图书馆处于初建和完善阶段，同时受国外图书馆学管理理念的影响，早期公共图书馆的服务是以图书借阅、导读服务、参考咨询和编制专题材料为主要内容，除编制书目、开展导读服务涉及推广阅读思想外，最主要的推广阅读工作内容之一是馆际互借。例如：1924 年 6 月，杜定友先生创办上海图书馆协会，协会通过了他亲手所拟的《上海图书馆协会章程》，章程第三条第二项规定：“实行图书互借及交换制度。”1925 年，中华图书馆协会在上海成立，梁启超为第一任董事部部长，确立了“研究图

① 王沥．图书馆之最［J］．当代图书馆，1996（1）：51–52.
② 傅广荣．中国“图书馆之最”［J］．赣图通讯，1987（6）：42–43.
③ 刘群．李大钊与中国现代图书馆［J］．图书馆工作与研究，2001（6）：25–28.
④ 刘国钧，史永元，张树华．刘国钧图书馆学论文选集［M］．北京：书目文献出版社，1983：1–3；11–13.

书馆学术，发展图书馆事业，并谋图书馆之协助”；1927 年，北京图书馆开始办理馆际互借业务，该馆在年度报告中提及：“本馆为专门学者谋便利起见，与其他图书馆相约，施行图书馆间互贷办法。如专门学者有所需而为馆所未藏者，得由本馆向他馆借出供应之；他馆遇有此等需要时，亦由本馆贷之……本办法曾与各馆互为贷借，颇称便益。”此后，1939 年中华民国政府正式颁布《修正图书馆规程》和《图书馆工作大纲》，用法律和国家意志的形式明确规定：“省市图书馆要设置与研究辅导部，负责视察、辅导及各项推广事业；县市图书馆要设置推广组，负责演讲、展览、读书指导等业务。”①

3. 通俗图书馆巡回文库阅读推广

民国时期，为推动科学、教育、经济、卫生、道德的发展，提升国民文化素质，解决国民“愚”“穷”“弱”“私”四大社会问题，民国政府大兴图书馆事业，图书馆发展进入了短暂的繁荣期。1918 年 12 月，《教育部分科规程》中规定：“社会教育司下属第一科（图书博物科）负责‘博物馆图书馆事项’，第二科（通俗科）负责‘通俗图书馆巡回文库事项’。”②可见，民国政府在阅读促进、国民文化素质提升等工作方针和思想，也充分显示当时的通俗图书馆和巡回文库是扎根社会末端促进大众阅读解决社会问题的排头兵。

巡回文库起源于欧美，在中国萌芽于晚清，本土化后在民国时期得到发展壮大，又称“流动图书馆”或“流动书车”。国民政府由于经费紧张，无法大规模建设固定图书馆，所以借鉴欧美经验鼓励各地开设巡回文库。例如，被誉为“中国现代图书馆运动之皇后”的韦棣华（M.E.Wood）在武昌文华大学筹建图书馆，宣传的开放、平等、共享的图书馆理念，并开设巡回文库。巡回文库的目标是给因时间、地点、经济及其他因素限制而无法到图书馆阅读的民众（特别是劳动人民和儿童）创造阅读机会。巡回文库的工作方式是图书馆定期提取部分书籍，分类装箱，用汽车或小货车送往各指定地点，满足大众阅读需求。巡回文库的特点是简易、方便、快捷、低成本。巡回文库在当时是一种有效普及科学知识、传授民众急需技能的阅读推广手段，深受民众欢迎。早在抗战时期，燕京大学就通过

① 田磊．清末和民国时期图书馆法规中的人文精神探微［J］．四川图书馆学报，2013（2）：89–92.
② 赵建爽．民国时期通俗图书馆的阅读推广［J］．新世纪图书馆，2014（1）：57–61.

建立巡回图书馆，提高农民识字率；创办农民学校，增加乡民农业科学知识和文化水平[①]。巡回文库不仅是如今流动图书馆的前身，而且其服务模式和工作理念更是如今流动图书馆服务工作的有益借鉴。

民国时期很多图书馆是在旧有的藏书楼基础上改建而来，馆藏以经史子集等文言文资源居多，而现实的读者又渴望阅读白话文新知识，为解决这一矛盾满足普通民众阅读需求，提升民众阅读能力。自 1913 年 10 月 21 日京师通俗图书馆成立之后，全国各地通俗图书馆如雨后春笋般在各市县镇迅速成立，并得以蓬勃发展。相比普通图书馆而言，部分地区（黑龙江省）通俗图书馆用款不及省立图书馆十分之一，而阅书人数却多至数十倍。[②]因此，1915 年民国政府正式颁布《通俗图书馆规程》规定："自省治、县治应设通俗图书馆，储集各种通俗图书，供公众之阅览。各自治区得视地方情形设置之。私人或公共团体、公私学校及工场，得设立通俗图书馆"。[③]通俗图书馆以教育平民为宗旨，以阅读为中心，以经济实惠的方法组织开展了电影播放、图书馆展览会、读书合作会、学术演讲和物质奖励读书等活动，提升了图书馆的知名度和入馆率，提升了图书馆的读者数量，提升了民众阅读能力和阅读兴趣，是如今图书馆开展阅读推广的重要历史参考依据[④]。

在这一时期，民间图书馆事业也较发达，在促进民众阅读方面也起着举足轻重的作用。为了实现民族复兴，当时社会各界仁人志士纷纷慷慨解囊创建民间图书馆，以促进社会科学教育事业的发展。在当时，比较著名的有影响力的民间图书馆有大公图书馆、南轩图书馆、木斋图书馆、明复图书馆、青岛褐木庐戏剧专业图书馆、松坡图书馆等。

（三）新中国图书馆及阅读推广思想

1. 新中国成立初期（20 世纪 40 年代中期至 60 年代中期）

新中国成立初期，新政府接管了公共图书馆和高校图书馆，并进行了整顿、

① 赵静 . 高校图书馆的功能演进［M］. 北京：清华大学出版社，2016：28.

② 刘桂芳 . 通俗图书馆与民国初期社会教育［J］. 图书情报工作，2010（5）：150–153.

③ 李希泌，张椒华 . 中国古代藏书与近代图书馆史料（春秋至五四前后）［M］. 北京：中华书局，1982：210.

④ 赵建爽 . 民国时期通俗图书馆的阅读推广［J］. 新世纪图书馆，2014（1）：57–61.

改造和调整。1956 年 1 月，中共中央在北京召开全国知识分子问题会议，周恩来总理在《关于知识分子问题的报告》中发出了“向科学进军”的口号。同年，新中国第一次图书馆学讨论会在南京顺利召开，随后全国各地图书馆积极响应号召，学习借鉴苏联图书馆建设经验和管理模式，在大力采购、收集和整理书刊文献资源的基础上，积极开展图书借阅、参考咨询、书目推荐、馆际协作与互借等工作。同时，为响应党中央号召，1956 年 6 月，中国科学院哲学社会科学学部会同全国社会科学研究机构、高等学校共同拟订《1956–1967 哲学社会科学规划草案（初稿）》，规划了包括 15 个哲学社会科学学科的发展方案，图书馆学第一次被纳入国家哲学社会科学发展规划日程。同时，也指出了图书馆的“专门问题”包括：典藏、编目……读书指导、图书宣传和推荐书目等工作。[①]。1956 年 12 月，高等教育部召开了第一次全国高等学校图书馆工作会，明确了高校图书馆的性质和任务，任务除图书借阅、参考咨询、联合目录等内容外，还包括读者工作、图书馆宣传、书目推荐、馆际协作与互借等内容。此后，1958 年 3 月，国务院科学规划委员会第五次会议原则通过并下发《1956—1967 哲学社会科学规划纲要（修正草案）》，将图书馆学重要著作的数量增加至 28 种，新增的 10 余种专著中包括《推荐书目》《图书宣传》等有关宣传推广图书馆和图书的专著。[②] 1961 年，武汉大学、北京大学和文华学院三个院校教师合作编写《读者工作》等系列教材[③]，进一步从理论上指导了图书馆开展读者服务和推广阅读的工作实践。这一时期，全国各地公共图书馆和高校图书馆都得到了极大的发展。例如：北京图书馆在建国初期只有藏书 145 万册，后来各类文献总量发展至近千万余册；全国各地高校图书馆至 1957 年也已发展到 229 所，藏书量也激增至 4000 多万册，比建国初期增加了 5 倍。[④]随着图书馆馆舍数、藏书量和工作人员等相关事业的不断发展壮大，图书馆的馆际互借、图书宣传、读者培训等相关宣传和推广工作也得

① 张琦 . 建国初期第一次图书馆学发展规划研究——基于《1956–1967 哲学社会科学规划纲要》有关图书馆学规划的内容解读［J］. 国家图书馆学刊，2017，26（3）：80–86.

② 张琦 . 建国初期第一次图书馆学发展规划研究——基于《1956–1967 哲学社会科学规划纲要》有关图书馆学规划的内容解读［J］. 国家图书馆学刊，2017，26（3）：80–86.

③ 张琦 . 建国初期第一次图书馆学发展规划研究——基于《1956–1967 哲学社会科学规划纲要》有关图书馆学规划的内容解读［J］. 国家图书馆学刊，2017，26（3）：80–86.

④ 赵国忠，张创军 . 高校图书馆社会化服务概［M］. 北京：国家图书馆出版社，2016：43.

到了快速的发展，图书馆在解放思想、支持教学、科研和社会主义建设过程中的作用日益显著和重要。

新中国政府陆续出台的政策和规划，彰显了图书馆学的学科地位，指明了图书馆学的发展方向，推动了图书馆学的工作与研究，奠定了图书馆服务和阅读推广工作的指导思想和理论基础。这一时期，以杜定友和刘国钧为代表的中国第一代图书馆学专家和以严文郁，柳诒徵为代表的第二代图书馆学专家们深受鼓舞，精神振奋，发挥了高度的积极性和创造性，纷纷著书立说，传播图书馆学思想和阅读推广理念。据统计，在 1949—1966 年期间学者们发表的 4471 篇图书馆学论文中，有 1000 篇主题为读者工作，包括：图书流通 299 篇，主要涉及图书开放、开架阅览、阅览工作、图书外借、馆际互借、流通站和流动书车等问题；不同的特定读者对象服务 231 篇，主要研究图书馆围绕不同时期党和国家的中心任务为特定的服务对象开展专项服务；图书宣传与阅读辅导 302 篇，多为各馆图书宣传、阅读辅导服务方式方法的情况介绍与经验总结[①]。如：1957 年，杜定友在《图书馆怎样更好地为科学研究服务》一文中指出："为科学研究服务是我国图书馆的重要任务，编制目录……馆际互借，放宽借书限制，增设专业阅览室，举行图书展览、座谈会、报告会等是必须的基本的工作。"[②]1957 年，陈中凡在省市图书馆工作人员进修班上的发表讲话《怎样指导读者阅读古典文学提纲》："阐述了阅读古典文学的目的与方法，并按时间朝代先后，从古歌谣、神话传说开始，到清朝文学，分析了各国时期古经典文学的特点并罗列了这一时期的主要代表著作。"[③]1960 年，黄宗忠等在《关于图书馆学的对象和任务》一文中指出："图书馆工作四方面内容，其中第一内容就是读者工作，读者工作又包括服务读者等各项工作，如图书的流通和推广，图书宣传与阅读辅导，书目工作与参考咨询工作等的研究。"[④]

2. 改革开放中前期（20 世纪 70 年代末至 90 年代末）

1981 年 10 月，教育部颁布《中华人民共和国高等学校图书馆工作条例》第一章第二条任务规定：高校图书馆要为建设社会主义物质文明和精神文明做出贡

① 张琦．建国初期图书馆学论文分析（1949–1966）［J］．图书馆，2017（7）：73–79.

② 杜定友．图书馆怎样更好地为科学研究服务［J］．图书馆学通讯，1957（2）：49–21.

③ 陈中凡．怎样指导读者阅读古典文学提纲［M］．武昌：湖北省图书馆，1957.

④ 黄宗忠，郭玉湘，陈冠忠．关于图书馆学的对象和任务［J］．图书馆学通讯，1960（5）：28–36.

献。其任务包括根据课外阅读需求，开展流通阅览和读者辅导工作；……开展馆际协作活动等。第二章第八条规定：配合学校教学、科学研究任务，进行阅读辅导，举办书刊展览，编制推荐书目，组织报告会、座谈会，开展多种形式的读者服务工作[①]。1982年12月，文化部颁发《省（自治区、市）图书馆工作条例》第三章第七条规定：省馆的一切工作都是为了最大限度地满足读者对书刊资料的合理需要。要加强读者服务工作，不断提高服务效率和服务质量。第九条规定：图书流通工作应尽量方便读者。……出借图书除采用个人、集体、馆际外借外，还应积极开展电话预约和邮寄借书。第十条规定：省馆应采用多种形式报道馆藏、宣传好书，正确指导读者阅读，充分发挥馆藏书刊资料的作用[②]。随着上述两部法律法规和《关于工会图书馆工作的规定》（1955年9月，中华全国总工会发布）、《中国科学院文献情报工作条例》（1991年8月，中国科学院发布）、《中小学图书馆（室）规程》（1991年8月，国家教育委员会颁发）、《图书资料工作条例》（1993年4月，中国社会科学院发布）以及各省市级地方图书馆管理办法的陆续颁布，进入20世纪70、80年代，以阅读辅导为主的阅读推广工作思想已经深入全国各种类型图书馆常规工作中。

20世纪70、80年代，关于图书馆阅读推广的思想和研究主要可以分为以下三类：一是描述和评论某一特定图书馆或某一图书馆的阅读辅导活动。例如：1980年6月，朱坚、杨仪在《江苏图书馆工作》上发表《鼓励读者为“四化”读书 东台县图书馆奖励优秀读者形成制度》；1981年3月，楚在《图书馆学通讯》上发表《抢在春天里播种——北京市少年宫图书馆等举办多样式读书活动》；1981年6月，晓钟在《天津教育》上发表《课外阅读活动巡礼》；1982年10月，鲁子玉在《宁夏图书馆通讯》上发表《吴忠县图书馆开展“红领巾读书奖章”活动》；等等。二是介绍国外图书馆阅读促进工作案例并分享心得，例如：1981年7月，文旻在《世界知识》上发表《澳大利亚悉尼现代化图书馆》；1982年6月，秦民华在《图书馆杂志》上发表《日本儿童图书馆事业概况》；1983年5月，张才生在《高校图书馆工作》上发表《苏联列宁图书馆 推荐书目方面的科学教学

① 佚名．中华人民共和国高等学校图书馆工作条例［J］．中国图书馆学报，1981（4）：13–16.

② 省（自治区、市）图书馆工作条例［EB/OL］．［2017–11–20］.http：//www.law–lib.com/law/law_view.asp?id=2528.

法活动》，等等。三是在第一类和第二类研究的基础上，更进一步从读者心理、特点、需求等角度出发，结合前期活动效果，总结图书馆开始活动的经验，并提出未来工作思路和方向。例如：1982 年 1 月，陈俊民在《图书馆学通讯》上发表《图书馆服务效果篇——阅读效果琐见》；1982 年 12 月，夏国栋在《黑龙江图书馆》上发表《工人读者群阅读兴趣试探》；1983 年 12 月，吴俊珑在《黑龙江图书馆》上发表《高等学校图书馆要培养学生良好的阅读习惯》；等等。

20 世纪 90 年代，图书馆阅读推广工作继续保持着上历史阶段的发展势头，工作重心和主要内容基本相似。但值得注意的是，通过“中国知网”检索文献关键词发现，这一时期学者们开始更多的使用“指导”“引导”和“服务”等词来代替“辅导”。一方面可以看出学者们逐渐意识到读者的阅读自由权，开始将自己定位为“服务者”和“帮助者”，事实也证明并没有哪位图书馆员在选择读物方面比读者更加聪明；另一方面也体现出图书馆的关注焦点开始从书籍转移至读者身上，图书馆在开展阅读推广活动前，开始更多地了解读者实际需求，然后通过改变服务模式将“给读者推荐书目”转变成“根据读者需求，将读者引导至架物和文献面前”。例如：1996 年 8 月，陈爱华、蒋民在《南京理工大学学报（社会科学版）》上发表《高校图书馆读者阅读心理及其导向浅说》；1998 年 3 月，聂明澈在《图书馆学刊》上发表《辽宁省图书馆读者阅读情况调查报告》；1999 年 12 月，郁竹在《河南图书馆学刊》上发表《分析阅读倾向调整藏书结构》；等等。同时，随着计算机网络信息技术的日新月异，读者信息获取方法和阅读习惯不断转变，图书馆服务受到的冲击越来越多，学者们开始关注读者阅读习惯的转变并尝试将新技术引入阅读推广工作中，以提升活动效果。例如：1997 年 11 月，张福生、孟新民在《缩微技术》上发表《对清华大学图书馆和北体大图书馆缩微设备使用现状的调查与分析》；1998 年 3 月，刘家真在《图书馆杂志》上发表《澳大利亚国家图书馆保存网上出版物的选择方针》；1998 年 9 月，潘一珍、孙杰、王玲在《徐州师范大学学报》上发表《论大学生读书的时代特点——兼论图书馆服务的新发展》；1999 年，高秀岚在《赤峰教育学院学报》发表《对成人高校图书馆现代化管理的思考》；等等。此外，学者们还开始关注“全民阅读”。例如：1999 年 4 月，刁桐洲在《江苏图书馆学报》上发表《倡导全民读书 建设阅读社会——学习江泽民总书记视察北京图书馆重要讲话的体会》；1999年8月图文在《图书馆杂志》上发表《倡导全民读书建设阅读社会——’99上海市公共图书馆服务宣传周隆重举行》；1999年8月，汤旭岩在《图书情报论坛》上发表《倡导全民读书 建设阅读社会——湖北省第十一届图书馆服务宣传周小结》；等等。总之在即将进入21世纪的中国，社会各界专家学者都在从自己的角度关注着“阅读”一词，他们传承人类文明，提升国民素养，助推民族伟大复兴的态度从未改变，而且会越来越强烈。当中国进入新世纪后，“阅读推广”一词正式登上历史舞台，学者们更是热衷于研究探索这个主题，具体研究概述将在第三章详细阐述。

第二章　国外高校图书馆阅读推广研究综述

进入 20 世纪 90 年代之后，国外图书馆在国家政府的积极引导和大力支持下，逐渐成为阅读推广阵营中的主力军。高校图书馆作为图书馆体系中的主要成员之一，相对于公共图书馆，不但具有独特的资源优势，而且还拥有大量的充满活力、阅读素养好的师生读者群体。近年来，国外特别是欧美发达国家高校图书馆阅读推广服务与活动已经得以普遍开展，工作成效显著，同时阅读推广的研究成果和理论水平也处于世界领先地位。

第一节　国外高校图书馆阅读推广研究起源

一、修道院图书馆阅读推广

西方中世纪大学诞生之前，承担社会教育文化功能的主要机构是修道院。可以说，早期的大学图书馆是从修道院图书馆派生出来的。修道院图书馆，是修道院附属机构，是修道院的知识贮藏库，是当时社会的文化教育中心。为坚定教徒宗教信仰，维护宗教秩序，修道院图书馆内还专门设抄写室场所，供修道士抄写和翻译图书文献。正如《圣·本尼狄克教规》规定："诵读和抄写经典等文化、教育活动，是修道院日常工作的重要组成部分，是修道士必须执行的宗教任务。”[①]因此，修道院由原来的纯宗教机构逐渐演变成为兼有宗教、文化、教育等多种职能的机构。

修道院图书馆的主要功能是藏书，其藏书理念虽然保守封闭，但对教徒和宗教文化水平的推进意义极其重要，对整个人类的文明传承也起到了巨大的积极作用。图书馆不仅保存了大量文明古迹，在一定范围内也开展图书借阅活动。借阅活动不仅有利于坚定教徒的宗教信仰，还提升了教徒的文化素质。据统计，修道院图书馆培养了当时的绝大部分学者和思想家，如比德（Beda 或 Bede）就“曾善用英格兰的韦尔茅斯（Weamoruth）和贾罗（Jarorw）两座修道院图书馆藏书以撰述《英格兰教会史》[②]”成为当时欧洲学术界的泰斗，被视为英国第一位史学家。此外，修道院图书馆的藏书是修道院开设课程、传授知识的首要必备条件，如 8 世纪英国的约克修道院图书馆配合修道院开设语法、算术和天文学等课程[③]。另外，部分修道院图书馆不仅收藏神学经典，还收藏、传播世俗文化典籍，如 13 世纪 20 年代先后在英国坎特伯雷和伦敦地区出现的托钵僧会及其图书馆，据 15 世纪早期一位托钵僧修士编制的一份英国图书目录记载，当时有 195 个修道院图书馆收藏了 674 名作家的著作[④]。同时，由于中世纪时期的政治、军事和宗教联系密切，所以修道院图书馆有时还配合统治者教化民众，如征服了英格兰的诺曼公爵威廉，曾借助于修道院图书馆，在当地进行文化渗透。这种文化渗透，在一定程度上也促进了当地民众的文化素养，提升了整个社会的文明程度。

曾有一句俗语：一个修道院如果没有图书馆，就如同一座城堡没有城墙、没有军械库[⑤]。历史上最早的、最具代表性和影响最深远的修道院图书馆，是圣亚历山大在耶路撒冷建立的神学图书馆，收罗了大量的名贵著作，被称为历史文献的收藏宝库。修道院图书馆史上最著名的人物是英国坎特伯雷大主教兰弗朗克（Lanfranc），他倡导用罗马书法代替爱尔兰、撒克逊字体，亲自校勘整理基督教会的书籍，组织抄写和传播神学图书，并鼓励修士们编写传记。他还特别制定了

① 本尼狄克《本尼狄克规程》［EB/OL］.［2017–11–22］.http：//www.eywedu.com/Article_397/ 2008967208237–1.html.

② Elmer. Johason. 西洋图书馆史［M］尹定国，译 . 台北：台湾学生书局，1983：96.

③ 安长春 . 基督教笼罩下的西欧［M］. 北京：中央编译出版社，1995：167.

④ EA savage. Old English Libraires［M］.London，Methuen & Co.Ltd，1912.59.

⑤ 彭俊玲 . 论佛教基督教对中西方图书馆事业的影响［J］. 津图学刊，1996（2）：129–135.

图书馆借书与阅读的规则，规则对坎特伯雷修道院图书馆乃至后来的整个欧洲修道院图书馆资源管理和借阅工作水平的提升都做出了极大的贡献。

二、高校图书馆阅读推广研究初探

19世纪中叶之后，随着现代大学和大学图书馆的诞生，世界各国图书馆学家开始逐步摒弃“重藏轻用”的传统资源管理理念，打破文献资源走向读者的桎梏，主动创新文献资源管理模式和方法，使资源获得了新生，方便了读者获取知识文化。1856年，就读于哈佛神学院的恰雷斯·阿米·卡特（Chales Ammi Cutter），受聘于神学院图书馆，对近一万册馆藏图书进行了重新整理分类，并按照字顺重新编制了目录。毕业后不久，他正式成为哈佛大学图书馆工作人员，仍旧从事新编目录的工作。由于当时学校图书馆目录极不完备，远不能满足读者利用资源的需求，大量丰富的、有价值的馆藏资源几乎处于闲置状态。为此，他经过八年艰辛工作，成功完成了全部馆藏图书目录编制工作，并将目录写在卡片上，排放在阅览室专备的抽屉里，供读者直接使用[①]。这些目录，被认为是美国最早的供读者使用的卡片式目录，为图书馆资源开发利用工作提供了极具参考价值的成功经验，也是促进、宣传阅读的有效途径之一。1883年，麦维尔·杜威（Meville Dewey）被任命为哥伦比亚大学图书馆馆长，对图书馆组织与管理进行了大胆的改革，加强了读者服务工作。1884年，在他的组织下哥伦比亚大学创办了最初的图书馆学校——哥伦比亚图书馆计划学院，1887年正式开学，标志着图书馆专业的诞生，并为图书馆读者服务工作培养了大批的专业人才。1924年，阮冈纳赞（S.R.Ranganathan）被任命为马德拉斯大学图书馆馆长，随后至伦敦大学学习攻读图书馆学研究生学位，期间参观考察了一百多所大学图书馆。1925年，回国后继续担任马德拉斯大学图书馆馆长，为方便读者阅读，提高读者阅读兴趣和图书馆利用率，他重新组织了图书馆，将图书馆工作分解为一千多个零散的作业环节，把图书馆全部工作进程整理为制订计划（工作分析）、作业分析、日常事务、消灭浪费、相互关系、时间表、表格及登记簿和相应的档案及记录八个方

① 堀内郁子，杨舒，刘迅．美国著名图书馆学、目录学家——恰雷斯·阿米·卡特［J］．图书与情报，1986（z1）：171–173.

面[①]。他提出借鉴企业管理方法来管理图书馆，从读者的社会环境和自身的阅读收益角度出发，将教育公众作为自己和大学图书馆的职责。同时，为了践行“读者个人的自我教育”服务宗旨，还提出大学图书馆应具有业余教育和农村成人教育的功能和职责。通过一系列的改革和创新，马德拉斯大学图书馆极大地提升了校内外读者的阅读意愿，图书馆资源的使用率得到了显著提升，同时图书馆的地位和声誉也得到了社会的认可。在他近五十年的图书馆事业中，不仅组织成立了马德拉斯图书馆协会，创设了印度国家图书馆，还撰写了五十多部著作，一千五百多篇论文，涉及图书馆学及图书馆工作的各个领域，其中著作《图书馆学五定律》《冒号分类法》和链式索引，更是奠定了阅读推广的理论基础。

第二节　国外高校图书馆阅读推广研究方向

国外高校图书馆阅读推广研究理论体系完善，研究内容和方向在世界范围内起着引领示范作用。国外高校图书馆阅读推广工作和研究主要有以下三个显著特征：一是注重课外休闲阅读推广研究，培养学生阅读兴趣。二是重视信息素养教育研究，提升读者阅读水平和质量。三是全面推进社会化阅读推广，增强大众阅读能力。正如范并思教授所说：“阅读推广最重要的目的，就是帮助那些缺乏阅读意愿的人爱上阅读，帮助阅读能力不强的人学会阅读，帮助阅读有困难的人克服阅读的困难。”[②]这些是图书馆平等服务理念的体现，也是图书馆核心价值的重要内容。

一、国外高校图书馆课外休闲阅读推广研究

（一）第一阶段（兴起期）：20 世纪 20 年代至 50 年代

长期以来，为促进大学生开展课外休闲阅读，国外高校图书馆及其工作者一

① 许培基 .S.R. 阮冈纳赞的生平及其对图书馆学的贡献［J］. 新世纪图书馆，1981（1）：54–58.
② 范并思 . 阅读推广的理论自觉［J］. 国家图书馆学刊，2014，23（6）：3–8.

向乐于和擅长开展相关主题的实践活动和调查研究。吉姆·扎瓦（JM Zauha）因此，各高校图书馆为方便学生休闲阅读，都迅速增加了馆内阅览室的数量。1926 年，美国罗林斯学院图书馆馆长埃德温·奥斯古德·格罗弗（Edwin Osgood Grover）因为其在相关课程教学过程中通过开展奖励拥有个人图书收藏的学生等阅读推广活动，鼓励、引导和培养学生的阅读兴趣，深受广大学生欢迎，所以学校授予“书之教授”称号。在学者的引领和学校的鼓励下，20 世纪 30 年代至 50 年代期间，大量的学者以高校学生课外阅读为主题开展了一系列的实践和研究。但在研究过程中，不同学者对课外休闲读物的定义不尽相同，主要区别在于课外读物是否包含报纸和杂志，而定义的关键在于是否与教学课程有关。例如，1951 年，理查德·查宾（Richard Chapin）发表的《伊利诺伊大学学生的休闲阅读研究》全面调查了伊利诺伊大学生课外阅读情况，结果显示：“大多学生每周花四个小时用于消遣阅读，读物包括书籍、杂志和报纸，但不包括课堂上老师布置的课余阅读；男生比女生和已婚学生花费在休闲阅读上的时间要多，阅历丰富的学生比经验少的学生花费在休闲阅读上的时间要多；不同年级的学生休闲阅读量不同，年级越高的学生阅读量越多；从事课外活动和工作忙碌的学生比参加课外活动少的、清闲的学生花费在休闲阅读上的时间要多；三分之二的学生每个月阅读与课程无关的书籍不足一本，同样比例的学生每周会读两篇或更多的杂志，每天读两篇或更多的新闻报纸；大学生的休闲读物中 61% 是小说，非小说读物主要有历史、传记和旅行类书籍。总体上，大学生们的阅读能力与普通公民相当，大多数学生愿意读图片期刊和新闻杂志，但他们的阅读难度都是处于较低水平。”[①] 调研活动从多个角度分析了大学生课外休闲阅读总体情况，为高校图书馆阅读推广活动总结了经验并指明了方向。

（二）第二阶段（沉寂期）：20 世纪 50 年代至 20 世纪末

从 20 世纪 50 年代后期开始，由于以下原因导致高校图书馆开展课外阅读推广工作的脚步逐渐放缓、甚至停滞和退步。一是随着高校的扩招，读者数量急剧增长，图书馆的工作量越来越大。二是读者对图书馆和馆藏资源的需求更加迫切

① R. Chapin The Recreational Reading of University of Illinois Students［J］. College & Research Libraries, 1951, 12（2）: 155–157.

和复杂，深层次信息资源需求和服务量大，图书馆的工作难度加大。三是西方国家经济发展出现衰退和不稳定，高校包括图书馆经费在压缩，资源采购工作难度加大。四是随着计算机网络信息技术的发展，读者的信息获取渠道不断发生变化，图书馆工作需要一段时间适应新技术。五是高校图书馆功能和职责的争辩，认为课外阅读应该是公共图书馆的职责。正如密歇根大学图书馆馆长巴巴拉·麦克·亚当（Barbara Adam）所说："我们并不是排斥读者课外阅读推广工作，只是帮助读者获取信息的工作变得越来越繁重……技术改变了我们工作和思考的方式。"①但是，有着悠久的课外阅读推广历史的图书馆，却几乎没有受到上述因素的影响和阻碍，推广工作反而不断推陈出新深受读者欢迎和支持，如斯威特布莱尔学院图书馆从 1930 年开始建立课外阅读阅览室，至今仍是学校最受欢迎的地方；东伊利诺大学图书馆推广的课外阅读资源（精装本畅销类和平装阅读休闲类），在该馆 50 多种类目的馆藏中流通数量长期排名在前 10 名。

这一时期，由于推广工作的需要，学者们更加注重推广实证案例的分析和研究，提出休闲阅读推广的重要意义，并希望通过更加认真的工作总结与科学的工作规划来提高推广活动效益。例如：1982 年，维纳（Paul B. Wiener）发表《大学图书馆休闲阅读服务概述》，通过对 110 个高校图书馆调查发现大多数图书馆在为读者提供休闲阅读服务，服务不但没有困扰图书馆，反而使图书馆能够在经费紧张和信息技术变革环境下保持蓬勃发展，随即对不提供这项服务的诸多理由提出了质疑，并提出了高校图书馆继续和扩大这类服务的理由和措施②；1982 年，科特（M. Cote）开展了一项有关大学生阅读偏好的调查，结果显示高校大学生中，女性理科生或非理科生喜欢读女性作者的文章，并建议图书馆要有针对性的分类开展休闲阅读促进活动③；1993 年，詹妮尔（Janelle M. Zauha）撰写《学术阅览室的休闲阅读》提出："阅读推广被视为高校图书馆员的重要职责之一，而高校图书馆阅览室是最

① MacAdam B. Sustaining the culture of the book：the roleof enrichment reading and critical thinking in the undergraduate curriculum［J］.Library Trends，1995，44（2）：237–263.

② Wiener P.B.Recreational reading services in academic libraries：An overview［J］.Library Acquisitions Practice & Theory, 1982,6（1）：59–70.

③ Cote M.Do College Students Read Women Authors?［C］//CEAForum.a1982，13（2）17–19.

吸引人、最有利于促进读者阅读的地方，是实现阅读推广的主要场所和阵地。”[①]1999年，加利克（Jude D.Gallik）调研发现，在一个人的学习过程中，休闲阅读习惯有助于他获取学术技能，而这一技能有助于他取得学术上的成功。所以，高校图书馆对大学生休闲阅读能力培养和引导工作是非常必要的[②]。

（三）第三阶段（机遇挑战并存期）：21世纪至今

进入21世纪，西方各国政府认识到国民素质是整个国家综合实力的重要组成部分，而阅读水平的高低又是国民素质的重要影响因素。因此，国际组织和世界各国，纷纷开始重视阅读推广工作。高校图书馆作为图书馆体系中的重要组成部分，在助推全民阅读过程中有着义不容辞的历史责任。所以学者们开始更加坚定地意识到休闲阅读推广工作的重要性，并尝试利用各种新技术和新知识推进大学生休闲阅读。例如：2007年，埃利奥特（Julie Elliott）发表文章《大学图书馆和课外阅读促进》，总结了高校图书馆课外休闲阅读推广的历史，列举了图书馆开展课外休闲阅读推广活动的主要形式，指出经费短缺、空间不足、相关专业技术人员缺乏、学生时间不足、信息获取渠道多样化依然是图书馆开展休闲阅读推广的主要障碍，但越来越多的图书馆员认为休闲阅读推广工作将变得越来越普遍和重要[③]。2008年，史密斯（Rochelle Smith）和南希（Nancy J.Young）发表文章《发挥应有的乐趣：高校图书馆的阅读推广与读者咨询》，认为休闲阅读的频率与学业成绩密切相关，而充分参与社会决策的能力则可能取决于休闲阅读，培养大学生休闲阅读乐趣既能支持教学目标的实现又能超越这些目标。特别是如今，大学校园内比以往任何时候都更需要休闲阅读服务，因为学生们所使用的电子娱乐和交流方式更加分散了他们的注意力。所以，休闲阅读是至关重要的，开展休闲阅

---

① Zauha J M. Recreational Reading in Academic Browsing Rooms: Resources for Readers' Advisory[J]. Collection Building, 1993, 12（3/4）: 57–62.

② Gallik J D.Do They Read for Pleasure? Recreational Reading Habits of College Students［J］. Journal of Adolescent&Adult Literacy, 1999, 42（6）: 480–488.

③ Elliott J. Academic Libraries and Extracurricular Reading Promotion［J］.Reference & User Services Quarterly, 2007, 46（3）34–43.

读推广工作是图书馆职责所在[①]。2011年，法亚兹·艾哈迈德·隆（Fayaz Ahmad Lone）通过问卷调查并采用统计抽样公式和分层随机抽样法，对克什米尔山区农村学生和城市大学生的阅读习惯进行了抽样调查。结果显示，大多数学生对阅读都持积极态度，其中城市学生比农村学生更积极。城市学生花在阅读上的时间比农村的学生多，城市学生更喜欢阅读课外书籍，而农村学生主要是为了学习而阅读。城市学生更多地阅读文学和商业类的书籍，农村学生则更多地阅读政治、宗教、科技、游戏和体育等类书籍[②]。2014年，巴巴拉·贝克（Barbara Bakker）发表《大学图书馆的小说：对瑞典大学图书馆的小说收藏和阅读促进的调查》，文章调查了高校图书馆员从学术的角度对学生休闲阅读的看法、学术对课外读物利用的态度以及学术对高校图书馆在开发利用课外读物的看法，研究内容包括关于课外阅读的好处、阅读喜好和读者咨询策略。调查发现，长期以来瑞典的高校图书馆都有收集休闲性读物的传统，但目的只是为了配合学校的教学和科研工作，从而导致大量资源闲置浪费。原因在于大多数馆员认为，提供休闲阅读材料或促进课外阅读并不是他们的责任[③]。2016年，穆勒（Kat Landry Mueller）等发表《读者偏好：大学图书馆的休闲阅读》一文中提及，为了更好的了解读者如何利用图书馆资源进行休闲阅读，2014年萨姆休斯敦州立大学图书馆馆员向学生、教职员工和员工们分发了一份调查问卷。调查发现读者仍对纸质图书更加偏爱，但对其他载体的书籍兴趣正越来越大，习惯利用各种载体书籍的读者大多认为图书馆不是休闲阅读材料的来源。因此文章最后提出，高校图书馆应该充分利用新的信息技术，为读者提供多种载体的休闲娱乐读物[④]。

---

① Smith R，Young N J.Giving Pleasure Its Due：Collection Promotion and Readers' Advisory in Academic Libraries［J］.Journal of Academic Librarianship，2008，34（6）：520–526.

② Lone F A.Reading Habits of Rural and Urban College Students in the 21st Century［J］.Library philosophy & practice（e–journal），2012（3）：586–594.

③ Fiction at academic libraries：An investigation into fiction collections and reading promotionat Swedish academic libraries.［EB/OL］.［2017–11–29］.https：//core.ac.uk/ display/36332511.

④ Mueller K L，Hanson M，Martinez M，et al. Patron Preferences：Recreational Reading in an Academic Library［J］.Journal of Academic Librarianship，2017，43（1）：72–81.

二、国外高校图书馆信息素养教育研究

（一）信息素养定义

信息素养（Information literacy），最早于1974年由美国信息产业协会主席保罗·车可斯基（Paul Zurkowski）提出。1989年美国图书馆学会（以下简称"ALA"）对信息素养定义包括文化素养、信息意识和信息技能三个层面，即能够判断什么时候需要信息，并且懂得如何去获取信息，如何去评价和有效利用所需的信息。信息素养教育不仅有利于促进整个高等教育的质量，也有利于提高读者阅读能力，从而有利于高校图书馆提升阅读推广效益。所以，国外高校图书馆逐渐在传统的图书馆用户教育基础上开创了一项新的服务项目和阅读推广工作，即信息素养教育。1994年，贝伦斯（Shirley J.Behrens）发表文章《信息素养的概念分析与历史综述》对信息素养概念进行了分析，包括信息素养的技能和知识，并总结了图书馆和信息科学（LIS）工作者开展信息素养教育的具体措施①。为进一步指导高校及图书馆开展此项工作，1999年，美国大学和研究图书馆协会（以下简称"ACRL"）成立了信息素养能力标准制定工作小组，负责制定了《高等教育信息素养能力标准》，并于2000年1月18日，在美国图书馆协会举行的中期会议上正式通过。标准主要内容包括信息素养定义、信息素养和信息技术、信息素养和高等教育、信息素养和教育学、使用标准、信息素养和评估、标准、绩效指标和结果、信息素养教育计划和信息素养能力标准等②。在过去的十多年中，大多数高校以此标准作为信息素养教育的基础和指南，有效培养了学生的信息素养。在不断变化的高等教育和学习环境背景下，2013—2014年期间，ACRL又向教师、认证机构、图书馆和信息科学教育工作者等人群，广泛收集修改建议，以期重新定义信息素养等概念和设计信息素养教育工作。

---

① Behrens S J. A Conceptual Analysis and Historical Overview of Information Literacy［J］. College&Research Libraries，1994，55（7）：309–322.

② Mitchell W E，Barbara S. Information Literacy Competency Standards for Higher Education redux［J］. Community &Junior College Libraries，2000，9（4）：63–67.

（二）信息素养合作教育研究

随着信息素养越来越被重视，信息素养教育也逐渐被高校所重视，在此过程中，高校图书馆及馆员被要求承担其应有的职责。起初高校图书馆只是更多地关注信息素养的定义及其重要意义，但由于缺乏相应的机构、人力和财力支持，所以怀疑自己是否有能力担起重任并取得良好效果。在国外，高校提供信息素养教育主要有四种方式：课外教学、课中教学、课内教学和独立课教学[①]，现实中，不管是哪种方式，高校图书馆及馆员都应该也可以在其过程中发挥重要作用。为了提高教育效果，图书馆与教学单位的合作、馆员与教师的合作是必不可少的。多方各尽其能，各尽其职，共同组织实施活动，才是最有效的途径。例如：1995 年，雷德（Hannelore B. Radrr）发表《信息素养与本科课程》，指出为了响应 ACRL（1994）提出的"每个机构都应该通过旨在帮助学生发展信息素养的策略来促进其学习资源的最优利用，它应该鼓励使用广泛的非课堂资源来教学和学习"。在开展信息素养教育指导读者获取信息的过程中，需要有一个积极有效的图书馆，同时需要由教师、图书馆员、学校领导和其他信息提供者共同开发和支持此项服务[②]。2003 年，艾维（R. Ivey）发表文章《信息素养：图书馆员和学者如何合作以提供有效的学习计划？》，描述了图书馆员和教师的合作伙伴关系，他们努力在新西兰的怀卡托大学发展学生的信息素养。认为信息素养项目的有效性取决于教学伙伴之间对信息素养教育认同感，以及提供适当的人力资源来开发和实施这些项目。指出有效的沟通和积极的工作关系是合作教学伙伴关系成功的重要条件，并总结了启动、发展和维持这些伙伴关系的策略[③]。2010 年，莫恩斯（Michael Mounce）在文章《协同工作：为提高学生信息素养而合作的学术图书馆员和教师：文献综述 2000–2009》中从协作的概念出发，认为在信息素养教育过程中，高校图书馆馆员与教师合作讨论教育的目标、计划和合作考核是至关重要的[④]。

---

① 王晓力 . 国外高校信息素养教育［J］. 大学图书馆学报，2009，27（1）：92–96.

② Rader H B.Information Literacy and the Undergraduate Curriculum.［J］.Library Trends，1995，44（2）：270–278.

③ Ivey R.Information Literacy：How Do Librarians and Academics Work in Partnership to Deliver Effective Learning Programs?［J］. Australian Academic & Research Libraries，2003，34（2）：100–113.

④ Mounce M.Working Together：Academic Librarians and Faculty Collaborating to Improve Students' Information Literacy Skills：A Literature Review 2000–2009［J］.Reference Librarian，2010，51（4）：300–320.

（三）信息素养教育质量保障研究

随着高校图书馆信息素养教育的不断深入，馆员与教师的合作也在不断加强。虽然工作取得了一定的成效，但学者们逐渐认识到工作的质量和工作评估与总结的重要性。例如：1977 年，兰开斯特（Frederick Wilfrid Lancaster）在伊利诺斯大学图书馆学研究生院任教并兼任该院生物医学图书馆馆员培训计划导师期间，就曾发表文章《图书馆服务工作的衡量与评价》，认为高校图书馆作为国家重要的文献信息中心，要积极开展信息素养教育等服务，同时要以阮冈纳赞图书馆学五定律为评价标准服务，评价图书馆为用户提供的服务是否满意，评价服务主客体的交互作用是否得到了充分发挥[①]。2003 年，奥乌苏安沙（Edward K Owusu–Ansah）在文章《信息素养与高校图书馆：一个概念的批判性审视及其争议》中提出，尽管高校图书馆的信息素养职责讨论在学术界占有重要地位，但我们更应该将研究和工作的重点转向如何提高活动质量，更加有效地实现信息素养教育目标[②]。2006 年，埃尔姆堡（James Elmborg）在文章《极其重要的信息素养：对教学实践的启示》中提出，图书馆员在信息素养教育过程中，需要善于利用批判性的理论。作为教育者，图书馆员必须少关注信息的简单传递，而应更多地关注学生的深层次阅读需求。文章利用读写理论的概念提出，如果图书馆员经过不断反思，重新定义自己为识字教育工作者，图书馆的信息素养教育服务工作将会发生转变和升级[③]。2014 年，庞巴罗（Christine Bombaro）发表文章《克服信息素养方案的障碍》描述了美国狄金森学院为帮助英语专业学生完成毕业论文，图书馆馆员与教师合作成立了信息素养实验室，组织开展信息素养教育。认为尽管信息素养教育工作面临诸多困难，但解决问题的关键在于工作的事先规划和评估[④]。

信息素养教育属于无形产品，读者们在接受相关教育培训后将受用终身。所以如何评价、考核信息素质和技能，成为学者们关注的另一个问题。在工作之

① 刘彩霞 . 美国图书馆学家兰开斯特思想初探［J］. 科技情报开发与经济，2011，21（13）：47–49.

② Owusu–Ansah E K.Information literacy and the academic library：a critical look at a concept and the controversies surrounding it［J］.Journal of Academic Librarianship，2003，29（4）：219–230.

③ Elmborg J.Critical Information Literacy：Implications for Instructional Pactice［J］.The Journal of Academic Librarianship，2006，32（2）：192–199.

④ Bombaro C.Overcoming the barriers to information literacy programs［J］.Reference Services Review,2014,42（2）：246–262.

初，图书馆员往往将信息素养教育等同于课程教育，采用考试的方法作为评价的主要手段，但是教育工作者很快就认识到了测试评价方法的局限性。所以，2009年，奥克利（Megan Oakleaf）在2009年发表文章《使用评分标准来评估信息素养的方法和评价者间信度检验》指出，相对于普通常规的测试，利用评价量规对学生信息素质和技能的评价考核可能更为有效，并分析了评价量规在信息素养教育测试中的具体应用和其可靠性[①]。2010年，海尔沃特（Jos van Helvoort）在针对荷兰学生信息素养教育评分测试中，实践应用了评价量规工具，并取得了很好的效果[②]。另外，还有学者利用营销学领域针对顾客感知服务质量的服务质量评价方法，如利用服务质量模型和服务绩效模型等对信息素养教育服务质量进行评价。

如今，在国外信息素养教育已经是图书馆界和教育界共同感兴趣的研究热点。热衷于信息素养教育的国家已经从初期的美国、加拿大、英国、澳大利亚和新西兰，扩展到中国、德国、墨西哥、北欧、新加坡、南非、南美、西班牙等其他国家和地区。最新的研究统计表明，不仅在教育学和图书馆学领域，在经济学和其他学科中信息素养也开始被更多的关注。同时，通过几十年的研究和实践，师生读者自身也已深刻认识到适当的信息技能培训，是提高他们学习和工作的重要保障。新世纪，图书馆员不仅要处理好文献资源和信息素养教育，而且还必须处理好与信息素养有关的其他课题，如新的信息和教育技术的引入、阅读习惯的转变、教育理念的更新等，以进一步提升信息素养教育质量。

三、国外高校图书馆社会化阅读推广研究

（一）国外高校图书馆社会化阅读推广历史缘由

社会化阅读推广，是高校图书馆针对校外读者开展阅读推广的服务，是高校图书馆社会化服务工作的重要组成部分，也是高校图书馆阅读推广的内容之一。

---

① Oakleaf M.Using Rubrics to Assess Information Literacy：An Examination of Methodology and Interrater Reliability［J］.Journal of the Association for Information Science &Technology，2009，60（5）：969–983.

② van Helvoort J.A scoring rubric for performance assessment of information literacy in Dutch Higher Education［J］.Journal of Information Literacy,2010, 4（1）：22–39.

随着高等教育理念和实践不断更新和发展，高校及高校图书馆的功能也在逐渐转变。在独特的历史背景下，为满足大众继续教育和终身教育的需求，高校图书馆服务包括阅读推广也在不断向外延伸，工作对象不仅包括校内读者，也包括校外读者。

1. 高校图书馆的公共性

公立高校及高校图书馆，是利用纳税人的钱建立的，属于社会公共物品，理应为纳税人提供服务。1965 年，美国《高等教育法》规定，凡美国的大学都有权享受联邦政府的补贴。另外，国外早期高校图书馆的藏书，很大一部分来自于社会捐赠，校友捐书的传统更是历史悠久，影响深远。所以，国外高校图书馆基本都向市民开放，利用图书馆资源享受图书馆服务是每个公民的权利，如英国剑桥大学图书馆采用全部开架的服务模式，对校外读者完全开放，校外读者不需要提供任何证件就可以和校内读者享受几乎完全一样的服务[①]。

2. 高校图书馆的双重功能

在国外有些高校图书馆不仅需要配合学校开展教学、科研等工作，而且还承担着公共图书馆的职责，具有高校图书馆和公共图书馆的双重功能。例如，德国法兰克福大学图书馆、汉堡大学图书馆、德累斯顿大学图书馆等，所以校外读者进入高校图书馆只需要出示身份证明或护照即可。有关报道显示，目前德国法兰克福大学图书馆校内服务工作量仅为 60%，而社会服务工作量竟达到 40%。[②]

3. 高校图书馆大众教育职责

随着欧美国家社会的物质文明日益发达，但精神文明程度却未能与之相匹配。社会贫富差距不断扩大，资源日益集中在少部分人群手中，导致民众的生活质量和文化素质参差不齐，其中扫盲工作和大众阅读能力提升工作亟待解决。虽然公共图书馆、社会媒体和基础教育部门已经为此付出诸多努力，但仍显不足。所以高校及高校图书馆已不能再继续袖手旁观，社会问题的解决或有效缓缓解，需要

---

① 赵玉贞 . 新时期高校图书馆社会化服务初探［J］. 图书馆界，2008（3）：21–23.

② 赵玉贞 . 新时期高校图书馆社会化服务初探［J］. 图书馆界 ,2008（3）：21–23.

高校图书馆利用自身独特的丰富的教学资源为社会大众特别是儿童、青少年和残疾人等特殊群体提供阅读推广服务。

（二）国外高校图书馆社会化阅读推广工作

19 世纪后期到 20 世纪中后期，国外高校图书馆社会化阅读推广工作开始进入实质性发展阶段。经过多年的实践，西方发达国家高校图书馆已经凭借其独特功能、先进设备、充足空间、丰富资源和专业人员等优势，在促进大众阅读和培养国民阅读素养等全民阅读推广事业中发挥着极其重要的作用。

1. 馆际互借，历史悠久

馆际互借，是基于馆际之间资源共享而提供的一种服务方式，是高校图书馆开展社会化阅读推广服务的有效手段和重要方式。馆际互借的历史最早可追溯至修道院图书馆时期，虽然修道院图书馆坚守着“重藏轻用”的资源管理，但是修道院图书馆之间为了扩充馆藏，抄写或互借图书也时有发生。真正意义上的高校图书馆馆际互借工作，最早发生在德国。1893 年，为了实现资源共享，满足读者阅读需求，普鲁士各地高校图书馆联合制定了馆际互借规则，随后英国和美国高校图书馆紧跟效仿[①]。在北欧地区以及荷兰、瑞士等国，馆际互借工作也开展得卓有成效，居民们均可以通过馆际互借从高校图书馆借阅图书。在苏联，高校图书馆毫无例外地必须参加全国性的馆际互借组织，以便读者借阅其他图书馆的文献资源。进入 21 世纪，随着大众文化需求日益增长，同时为促进大众阅读，国外高校图书馆以馆际互借为手段的阅读推广工作体系日益完善，工作效果越来越好，高校图书馆员的工作热情也持续高涨，其中美国、英国、德国、加拿大、澳大利亚、日本、韩国和新加坡等国高校图书馆，均是此项服务工作成功的代表者。

2. 校友服务，最具特色

在西方，高校与社会关系非常紧密，图书馆起着高校与社会之间的桥梁和纽带作用。起初高校为了让校友特别是有一定成就的校友在走向社会后，仍然能经

---

① 杨威理 . 西方图书馆史［M］. 北京：商务印书馆，1998.

常想念母校，为母校发展提供帮助，带来捐款、捐物和项目基金等支持。因此，各高校积极鼓励图书馆开展服务校友或校友联谊活动，如美国高校图书馆视校友为图书馆的朋友。同时由于校友不仅具有终身学习意愿和需求，而且也希望图书馆能够继续提供丰富的信息资源和服务以支持其终身学习和继续教育的需求。所以在国外，特别是欧美国家的高校图书馆，都将校友服务发展成特色服务，其中阅读推广服务更是校友回归学校的有效途径和平台。图书馆不仅为校友办理读书借阅卡提供馆藏资源借阅权利，还通过网络技术在线推送数字资源，甚至还为校友提供个性化服务，例如康奈尔大学图书馆面向校友，开展致力于通过“珍惜手稿收藏展览”等活动，以推进共享和广泛的专题收藏，以促进校友阅读[①]。

3. 服务社区，全面深入

走出校园深入社区，提升当地居民阅读率和阅读能力，是国外高校图书馆开展社会化阅读推广工作的主要内容。研究初期，学者们通常从社会学、教育学等角度出发，探讨高校图书馆的社会文化服务职能。早在 20 世纪 50 年代，美国学者奥森（Olson）就提出：“学校不应是游离于社区的文化孤岛，它们应该主动与社区架设各种桥梁，致力于解决社区的问题。”[②]二战后，美国是世界上最富裕的国家，但也是发达国家中贫困问题比较严重的国家。为解决这一社会问题，20 世纪 60 年代，美国政府制定了一项“战胜贫困”计划，并在计划中首次提出社区信息服务（Community information service）。该计划要求图书馆为社区居民文化阅读提供便利，提升社区居民文化素养。此后，英国等西方国家图书馆也都纷纷制定了社区信息服务规章制度，并开展了形式多样的信息服务。在政府的倡导和鼓励下，欧美国家的部分高校图书馆由此开始逐步迈出校门走进社区，从社会末端开始为大众提供阅读资源和服务。

4. 规章制度，科学合理

为推进高校图书馆社会化阅读推广，国外图书馆界非常注重相关规章制度的研究和制定，其中以美国为代表制定的法律法规更是业内的领航者，在 ALA

① 李金芳，车慧，钟文娟．美国高校图书馆校友服务的典型案例研究及对我国的启示［J］．情报资料工作，2012，33（4）：85–89.

② 沈宗灵．法理学［M］．北京：北京大学出版社，2003.

几个重要的纲领性文件中都有明确的体现。2008 年修订颁布的《美国图书馆协会道德规范》中说:“在一个公平、文明的社会政治制度中，我们作为职业成员，认同知识自由和获取信息的自由。……我们有责任通过科学、有效的方式组织资源，根据平等服务原则，实现平等获取信息的权利以及对所有的阅读需求都给予准确的、无偏见的和谦恭的回答。”[①]文中提及的知识、信息获取自由，正是阅读推广的宗旨和目标之一，说明美国图书馆界已经将促进社会阅读作为自己的义务和本职工作。同时，在颁布的《New Vision：Beyond ALA Goal 2000》中提出:“在美国，图书馆是民主最有力的国家象征之一。它们通过保卫三个理念来坚守民主：观念和看法的多样性、清楚地表达各种观点的自由、所有人无论其社会和经济地位如何都有获取信息的平等权。它们通过坚持能读会写和终身学习的价值使这三个理念得以实现。”[②]通过践行这些价值和理念，美国高校图书馆在全民阅读推广中的角色定位得以更加清晰明了。

5. 调查研究，深入透彻

国外图书馆学者擅于通过各种形式的调研来总结工作的得失，以便指明未来的工作方向。在 1958 年，一项“通过合作建立图书馆资源”的研究中，高校图书馆“社会化拓展服务”（Academic Library Outreach）被第一次提及。1967 年，乔西（E.J.Josey）在《高校图书馆的社区利用：学术研讨会》一文中提及，美国大学及研究图书馆联合会（ACRL）在 1965 年对全国范围内 1110 所高校图书馆进行了第一次大规模的社会化服务调查研究中发现，有 94% 的高校图书馆正在为大多数社区成员提供了社会化阅读服务。另外，文章对社区用户的定义、社区用户对图书馆的访问、社区用户拥有的借阅特权和馆藏保护方法等方面也进行了探讨[③]。2004 年，施耐德（Tina Schneider）发表《扩大服务范围：高校图书馆及其参与社区的原因、方式与方法》，全面调研了当时高校图书馆校外拓展服务的

① ALA Council.Code of ethics of the American library association. [EB/OL] [2009-01-23] . http：//www.ala.org/ala/aboutala/offices/oif/statementspols/codeofethics/codeethics.cfm.

② ALA Council.New vision：Beyond ALA goal 2000. [2009-02-16] .http：//staging.ala.org/ala/aboutala/missionhistory/plan/beyond2000.cfm.

③ Josey E J.Community use of academic libraries–symposium–introduction. [J] .College & Research Libraries，1967，28（3）：184-185.

动机、方式、方法等总体情况[①]。2005年，马兰库克（Iona R.Malanchuk）等发表论文《高校图书馆馆员与高校校园外的拓展服务》，认为尽管中小学、社会媒体和公共图书馆已经为提高儿童和青少年的读写能力做出了许多努力，但仍显不足。为了培养他们的阅读素养和终生学习习惯，扫盲计划需要高校图书馆整合学校教师资源和专业知识以阅读推广的形式投入社区[②]。2008年，考特尼（N.D. Courtney）主编《高校图书馆社会化服务》专著，由不同的图书馆员根据自身的实际工作经验和理论研究编写而成，其中包括高校图书馆面向社会读者开展活动（如展览）和活动经典案例两个主题的单独章节。书中几乎收集整理了当时高校图书馆社会化阅读推广服务的所有工作内容形式和案例。专著所传递核心思想，即高校图书馆社会化服务包括社会化阅读推广的重要性，指出不能以图书馆资金短缺为借口而忽视社会化阅读服务工作。这本书在当时，可以说是高校图书馆开展校外读者服务的工作手册和成功秘籍，对高校图书馆社会化阅读推广工作的促进作用不言而喻。[③] 2014年，科迪亚克（Ruvini C.Kodikara）等在《摩纳图瓦大学图书馆社会化服务》一文中描述了摩纳图瓦大学图书馆为提高当地贫困儿童阅读率和教育水平，通过人员和资源的重新整合，增设了社会推广部，开展了两项社会化阅读推广项目，即儿童发展计划（Child Development Programme）和阅读训练营（“Reading Camp”）。文章认为目前图书馆开展的推广活动仍处于初始阶段，为圆满实现活动目标，馆员的敬业精神和馆员与当地居民之间的融合至关重要。最后指出，零星分散的推广活动无法真正实现高校图书馆社会化阅读推广目标，图书馆在活动开展过程中必须要加强顶层设计，更新工作理念和完善工作制度等。[④]

---

① Schneider T.Outreach Why，how and who ?Academic libraries and their involvement in the community [J].The Reference Librarian，2004，39（82）199–213.

② Malanchuk I R，Ocha M N.Academic librarians and outreach beyond the college campus [J].The Southeastern Librarian，2005，53（3）：11.

③ Courtney N D.Academic Library Outreach：Beyond the Campus Walls：Beyond the Campus Walls[M]. ABC–CLIO，2008.

④ Kodikara R C, Seneviratne T M, Punchihewa C N D. Beyond the walls：Outreach initiatives in library, University of Moratuwa [J]. Sri Lankan Journal of Librarianship and Information Management, 2013, 5（2）：10–22.

第三章　中国香港和台湾地区高校图书馆阅读推广研究综述

第一节　香港地区高校图书馆阅读推广研究综述

香港特区政府于20世纪80年代初开始推出阅读计划，随即各界积极响应开始组织实施阅读推广活动。截至目前，香港地区学者针对高校图书馆阅读推广全面系统的研究还不多。通过调研发现，由于历史原因，香港高校图书馆与英国高校图书馆的工作模式和服务理念十分相似，并且受其他欧美国家的影响深远，特别是受美国图书馆文化的影响很大。香港高校图书馆自身有着悠久的阅读推广历史，长期开展诸如馆际互借、读书会、校友服务等活动。在馆际互借工作方面，表现突出的是于1967年成立的香港大学教育资助委员会资助下的八大高校（香港中文大学、香港城市大学、香港浸会大学、香港教育学院、香港理工大学、香港科技大学、岭南大学和香港大学），在成立之初便开始互相商讨、协调和合作开展馆际互借等服务，实行通借通还，实现资源共享。在读书会方面，香港大学图书馆读书俱乐部（Reading Club）由图书馆于2001年创办，其目的是为了提升香港的文化和知识生活，向广大市民推广阅读风气。读书会从2002年开始以举办“城西书话”讲座为主要活动内容，多年来广邀校内外各界人士交流、畅谈他们读书体验。活动每次都会录制现场视频，并将视频上传至图书馆网站供全体社会大众在线观看。在校友服务等社会化阅读推广工作方面，由于非常注重开展校友读者服务工作，所以图书馆在读者分类中特别将校友与在校学生、员工并列，并借鉴西方国家工作经验为促进校友阅读和终身学习开展了诸多行之有效的阅读推广活动。在促进大学生课外休闲阅读和英语文化水平方面,香港理工大学图书馆于 2011 年开始实施“理大新生共同阅读计划（READ@PloyU）”，每年通过向全体一年级大学生免费派送一本获奖英文小说，并开展以小说主题为主体的系列读书活动，提升校园阅读风气。活动在书籍挑选过程中，充分发挥大学生读书会等学生组织参与活动的能动性和自荐作用。同时，活动长期联合校内（大学核心课程事务处、英语教学中心、理大国际电影学会）和校外（香港犹太大屠杀与宽容中心）等组织开展全方位的阅读体验。活动效果显著，得到了信兴教育及慈善基金的鼎力支持及赞助[①]。

根据调研发现，香港学者们比较早地关注和研究高校图书馆在校内大学生中文学习服务和校外社区读者知识获取过程中的作用和功能。例如：2003 年，Kit-ling Lau 和 David W.Chan，比较了某高校接受中文语言教育的 83 名优秀读者和 76 名困难读者的阅读理解能力和阅读动机，发现前者比后者采取的阅读策略要高明，阅读动机也较强烈，建议高校图书馆通过开展必要的阅读服务帮助后者培养阅读习惯，改善阅读策略，提升阅读能力[②]。2011 年，Peter E.Sidorko 和 Tina T.Yang，介绍了高校图书馆面向当地社区居民开展的阅读推广案例，指出虽然服务社会大众是公共图书馆的职责，但高校图书馆在促进知识交流和社区信息服务工作中的作用显著，所以高校图书馆不应该将工作重点仅仅放在校内，而应该克服资源紧张等困难，通过延长服务时间、修订信息许可协议、改变资源采购策略等措施为社会大众提供信息和阅读服务[③]。

随着计算机互联网信息技术较早地被应用于高校图书馆服务工作中，学者们也较早地意识到新技术给高校图书馆阅读推广工作带来的挑战和机遇，认为图书馆应该通过运用信息技术和其他学科知识（如市场营销学）开展阅读推广活动。

---

① 首届全国高校图书馆服务创新案例大赛——案例汇报内容［EB/OL］.［2017-11-21］. http：//conference.lib.sjtu.edu.cn/rscp2015/download.html.

② Lau K，Chan D W.Reading strategy use and motivation among Chinese good and poor readers in Hong Kong［J］.Journal of Research in Reading，2003，26（2）：177-190.

③ Sidorko P E，Yang T T. Knowledge exchange and community engagement：an academic library perspective［J］.Library management，2011，32（6/7）：385-397.

例如：2011年，Christopher Chan，描述了某高校图书馆开展的为期两个月的付费脸谱网广告宣传活动，结果显示广告点击率新增了一半以上，说明在图书馆脸谱网上使用在线广告推广阅读的有效性，认为付费广告在高校图书馆营销推广中的潜力,图书馆员可以较低的成本将其作为树立活动品牌的有效手段①。2012年，他又描述了高校图书馆利用脸谱网广告促进馆藏和阅读的效果，同样指出相对于传统的推广方法，脸谱网可能是一种成本低廉但更为有效的营销手段，高校图书馆应该在有限的经费情况更多的关注并利用这一方法开展营销推广活动②。2011年，Magdalini Vasileiou 和 Jennifer Rowley，通过半结构化采访的方式调查了25名不同高校的图书馆员，发现没有一个图书馆通过营销传播策略推广电子书。随后阐述了如何采取战略性的营销和推广策略开展高校图书馆电子书阅读和推广工作，建议在推广过程中，需要注意读者的真实阅读需求、推广工具的创新和营销品牌的重要性③。

第二节　台湾地区高校图书馆阅读推广研究综述

台湾地区图书馆学既是中国图书馆学的有机组成部分，也与欧美和日本图书馆学有着千丝万缕的联系。它既继承了中国图书馆学的核心思想，也充分吸收了欧美图书馆学的理念。在台湾地区图书馆学发展的过程中有两个与阅读推广关系密切的特征：一是图书馆学与教育学密不可分；二是发明创造了“资讯”（来源于英文 Information）一词④。台湾地区图书馆界从20世纪80年代开始兴起阅读

① Chan C.Using online advertising to increase the impact of a library Facebook page［J］. Library Management，2011，32（4/5）：361–370.

② Chan C.Marketing the academic library with online social network advertising［J］.Library Management，2012，33（8/9）：479–489.

③ Vasileiou M，Rowley J.Marketing and promotion of e–books in academic libraries［J］.Journal of documentation，2011，67（4）：624–643.

④ 霍国庆 . 百年沧桑 三次高潮 四代学人——20世纪中国大陆和台湾地区图书馆学史总评［J］. 图书馆，1998（3）：1–9.

推广活动并于90年代逐步拓展、深入。台湾地区图书馆学主要创始人胡述兆与夫人吴祖善在合著的《图书馆学导论》中提出，读者服务和馆际合作是图书馆的主要工作内容，……图书馆是以便读者利用的机构，……图书馆读者服务是图书馆学的主要领域之一[①]。顾敏在其专著《现代图书馆学探讨》中认为，现代化图书馆的一切经营活动的目的就是传播资讯和推广知识[②]。目前，台湾地区暂未形成大规模的系统的以高校图书馆阅读推广为主题的研究，但整理零星的研究成果发现，台湾地区图书馆界在阅读推广研究中主要有以下四个重点。

一、市场营销学、教育学与阅读推广研究

阅读推广思想与市场营销思想天生就有千丝万缕的联系。台湾地区的学者们较早地将市场营销学相关知识导入高校图书馆的服务工作。刘玉芝等人指出高校图书馆肩负着支援教学研究的重大任务，但在互联网发达及搜寻引擎强大功能的威胁下，高校图书馆应加强馆员的营销推广意识，善用营销推广策略以便促进读者有效利用图书馆，强化图书馆资讯中心的功能及在校园内的地位[③]。台湾地区刘煌裕和舒荣辉以开南大学学生为调查对象，采用差距分析模型为分析工具，分析读者对电子资源的真实需求情况，认为图书馆要实现电子资源的最大效益，必须寻求最有效的营销策略；指出电子资源的营销工作应该以读者（需求）为中心，利用各种媒体和技术，制定完善的营销策略，采用有效的营销手段，为读者提供更全面周到的服务[④]。

正如前文所述，台湾地区图书馆学的发展历程中，自始至终与教育学关系密切。学者们在研究过程中，往往将教育学和阅读推广加以联系，希望通过阅读工作的帮助，来提升教育教学质量。余婉钰认为英语阅读能力与英语能力和阅读策略息息相关，建议英语阅读教学应奠基于相关阅读策略的实证研究，并使用具体

① 胡述兆，吴祖善 . 图书馆学导论［M］. 台北：汉美图书有限公司，1991：1–36.

② 顾敏 . 现代图书馆学探讨［M］. 台北：台湾学生书局，1988：11–19.

③ 刘玉芝，虞孝成，陈姵桦 . 以读者需求探讨交通大学图书馆之推广策略［D］新竹：台湾交通大学，2008.

④ Liu H Y，Shu J H.A Study of Demands Analysis and Marketing Strategy of Electronic Resources in University Library［J］.Journal of Educational Media & Library Sciences，2008，45（3）.331–356.

的阅读策略教学，以提升大学生的英语阅读能力[①]。黄湘屏采用问卷调查方法，以台湾大学在校生为对象，以科技接受模式探索影响电子书阅读器阅读对大学生阅读及学习的影响。指出在数字阅读载体与数字资源持续蓬勃发展时代，大学生对于采用电子书阅读器阅读教科书的反应普遍不佳，原因在于文献载体功能并不能有效地支援学习，建议图书馆改善文献阅读载体以便提供支持学习的基本功，要依据课程特性适时导入电子教科书与阅读载体[②]。

二、阅读疗法与阅读推广

阅读疗法是一种借由阅读图书或接触其他信息材料，帮助读者缓解负面情绪困扰，进而实现读者身心健康。英国哲学家弗兰西斯·培根（Francis Bacon）曾说过："读史使人明智，读诗使人灵秀，数学使人周密，物理使人深刻，伦理学使人庄重，逻辑与修辞使人善辩，凡有所学，皆成性格。"我国汉代文学家刘向认为："书犹药也，善读之可以医愚。"可见读书治病的思想古今中外早就有之，尤其是针对心理因素引起的疾病，如抑郁、焦虑、恐慌、烦恼等。陈书梅和洪新柔师生二人是台湾地区图书馆界阅读理疗研究的主要代表，陈书梅在《阅读与情绪疗愈——浅谈书目疗法》中讨论了书目疗法的涵义、类型、相关资源和实际应用，指出图书资讯资源除了具有知识性与教育性的功能外，更有纾解情绪和心灵疗愈的作用。图书馆员除了扮演知识性图书资讯资源的传播者角色外，还应该推广具有情绪疗愈效用的阅读素材，协助有情绪困扰问题的读者开展"疗愈阅读"[③]。洪新柔发表《大学图书馆发展性书目疗法服务需求之研究——以台湾大学之大学部学生为例》，分析了大学生的心理需求和常见之情绪困扰问题，探究了大学生开展情绪疗愈阅读的资源类型[④]。2013 年，陈书梅又先后发表了《大学生阅读之情

① 余婉钰 . 大学生英语能力与中英阅读能力以及阅读策略使用关系之研究［D］. 新竹：交通大学，2012：1–127.

② 黄湘屏 . 大学生以电子书阅读器阅读教科书之科技接受模式与功能需求研究［D］. 台北：台湾大学，2013：1–102.

③ 陈书梅 . 阅读与情绪疗愈—浅谈书目疗法［J］. 全国新书资讯月刊，2008（120）：4–9.

④ 洪新柔 . 大学图书馆发展性书目疗法服务需求之研究——以台湾大学之大学部学生为例［D］. 台北：台湾大学，2009.

绪疗愈小说类型研究》[①]和《发展性绘本书目疗法与大学生之情绪疗愈》[②]，指出书目疗法所运用的素材以小说为主，绘本是大学生较常选用的非小说类阅读素材，并探讨了遭遇情绪困扰问题时所阅读的小说类型，以及其挑选情绪疗愈素材之原则与标准，提出高校图书馆与馆员需要了解大学生有阅读情绪疗愈素材的需求，并通过加强各类情绪疗愈小说资源建设，架设网络平台提供相关参考书评，协助大学生挑选符合个人需求之情绪疗愈素材，发挥图书馆的社会责任。

三、电子书阅读推广

随着信息技术的快速发展，文献载体多元化趋势愈演愈烈。电子资源以其易检索、易携带、便利性和数字阅读等特征，深受读者欢迎。高校图书馆也将其作为馆藏的重要组成部分，但在推广电子书过程中却遇到了种种困惑和问题。近年来台湾地区的学者们开始较为关注高校图书馆电子书推广情况和问题。2011 年，吴雅岚在《大学生使用图书馆电子书影响因素之研究》中指出，随着电子书产业的蓬勃发展，对于台湾地区的高校图书馆而言，电子书已经成为电子资源馆藏中成长速度最快的部分，读者对于电子书的接受度和使用率也有上升的趋势，但电子书利用状况尚未达到预期效果，有六成的大学生未使用过图书馆电子书服务，原因有“习惯阅读纸本书”“不知道有电子书”“电子书易用性差”“电子书资源不足”等[③]。2012 年，林维真和岳修平通过调查总结了大学生数字阅读行为和电子书阅读器功能的使用需求，指出大学生在不同阅读目的下所需要的电子书阅读器功能有所不同，其中学术阅读会偏重搜索、标记、文书管理功能，休闲阅读则偏重文书管理、多媒体功能。此外，当同时有纸质书、线上电子书和电子书阅览器时，受试者表示从事学术阅读会优先选择纸质或线上电子书，从事休闲阅读则优先选择纸质书籍[④]。2013 年，王梅玲认为阅读器不相容、受限数字版权与认证阻碍无法阅读、下载复杂、读者不熟悉或不会使用电子资源等诸多问题是图书馆电子资

① 陈书梅 . 大学生阅读之情绪疗愈小说类型研究［J］. 图书资讯学刊，2013，11（1）：55–94.
② 陈书梅 . 发展性绘本书目疗法与大学生之情绪疗愈［J］. 大学图书馆，2013，17（2）：22–43.
③ 吴雅岚 . 大学生使用图书馆电子书影响因素之研究［D］. 台中：中兴大学，2011：1–110.
④ 林维真，岳修平 . 大学生阅读行为与电子书阅读器需求之初探研究［J］. 图书资讯学刊，2012，10（2）：113–142.

源服务水平和质量不高的主要原因，提出高校图书馆电子资源推广服务 SPRE 策略，即电子书网站服务（Service）、电子资源营销（Promotion）、电子资源阅读研究（Research）、馆员电子资源教育（Education）四大推广策略①。

四、计算机网络技术与阅读推广

计算机网络化和资源数字化背景下，台湾地区学者们纷纷认为高校图书馆应该勇于接受挑战并抓住机遇，以读者需求为最基本的出发点，以网络技术为工具，为不同的读者提供个性化阅读服务，以便提高图书馆的利用率和读者的阅读率。杨易婵采用美国 Poynter 新闻研究学院“第三次眼球追踪”（Eyetrack III）研究成果，依据台湾地区及国外二十六所高校图书馆网页阅读优先区块分析结果，指出读者指南类的资讯在图书馆首页资讯内容中比例最低，提出图书馆应该设计功能式资讯标题为图书馆首页提供人性化的组织架构，运用资源搜索简化读者资源检索流程，并主动推送读者需求的资讯内容②。随着博客的盛行，近年来台湾地区高校图书馆已经将博客（Blog）作为开展资讯发布、阅读推广、馆藏资源介绍、参考服务等工作的主要工具。陈盈秦以台湾地区 33 所高校图书馆 80 个博客为研究对象，以内容分析法总结了图书馆博客反响的内容，以访谈法与问卷调查法了解馆员和读者对高校图书馆博客的看法，提出图书馆在改善传统网站、传递讯息和推广阅读过程中，要有整体性的规划建设博客，才能有效发挥博客在阅读推广中的作用③。同时通过网络传递科学知识与信息，已经成为一种新的推广科学知识途径，如台湾师范大学图书馆建设的科普阅读网站，通过网站介绍推广科普好书、促进科学知识传播、营造科普阅读风气。

---

① 王梅玲．从电子资源数字阅读探讨图书馆阅读推广策略［J］．台北市立图书馆馆讯，2013，30（4）：9–24.

② 杨易婵．以网页区块阅读行为探讨图书馆首页资讯组织研究［D］．新北：淡江大学，2007：1–138.

③ 陈盈秦．大学图书馆博客之研究［J］．大学图书馆，2011，15.（2）：124–145.

第四章 高校图书馆阅读推广研究综述

中国人历来就有“读万卷书，行万里路”的优良传统，中华民族从来就是一个热爱学习、勤奋阅读的民族，读书一直以来是中华民族精神永葆青春的源泉。然而近当代以来，国民阅读水平却严重落后于西方发达国家，据林克艾普大数据显示：2015 年我国国民人均纸质图书阅读量为 4.58 本，这其中还包括教材教辅资源，而以色列以 64 本的年人均阅读量雄踞世界首位，日本、法国、韩国的人均阅读读书量分别为 40 本、20 本和 11 本①。面对国民阅读现状，早在 2006 年 4 月，中宣部、中央文明办、新闻竖版总署、文化部、教育部等 11 部门便联合发布了《关于开展全民阅读活动的倡议书》，随即全民阅读活动正式拉开帷幕。2006 年，中国图书馆学会成立了科普与阅读指导委员会，2009 年更名为阅读推广工作委员会，下设大学生阅读推广委员会等 15 个专业委员会。2008 年，中国图书馆学会发布《图书馆服务宣言》明确：“图书馆努力促进全民阅读。图书馆为公民终身学习提供保障，促进学习型社会的建设”。2009 年，李克强总理在“世界读书日”当天专程走访国家图书馆，提出要全民养成良好的读书习惯，并从 2014 年开始在《国务院政府工作报告》中连续四年提出“倡导全民阅读”的战略目标与思路。2016 年 2 月，国家新闻出版广电总局发布《全民阅读促进条例（征求意见稿）》，开始向社会公开征求意见。从 2006 年开始，阅读推广在国内兴起并逐渐蔚然成风，阅读推广依然成为图书馆最具活力和人气的服务。同时，随着“互联网 +”“云计算”“Web2.0”“Lib2.0”等时代的到来，传统的信息传播和阅读方

① 2016 年最新国人阅读大数据分析报告［EB/OL］.［2017-11-29］.https：//wenku.baidu.com/view/6fe86cf5a8114431b80dd8d1.html.

式发生了急剧变化，阅读推广的外延和内涵也在不断发生变化。如何在“全民阅读”浪潮中，把握新趋势、新方向，利用新技术、新手段，开展内容丰富形式多样而又行之有效的阅读推广活动，是当代图书馆界、教育界以及社会各界所亟须深思和探究的问题。高校图书馆阅读推广是全国阅读推广事业的重要组成部分，在短短六七年的发展时间内，这一领域已经成为图书馆学者们的研究热点，研究成果不断丰硕、初具规模。一方面，高校图书馆阅读推广研究范围不断扩展，研究内容逐渐深入，研究热点接踵涌现，研究水平与世界先进水平之间距离越来越小。另一方面，高校图书馆阅读推广研究体系日益完善，研究成果除期刊、学位论文、会议论文和报纸外，还有高水平的专著、教材等。

第一节　高校图书馆阅读推广专著（教材）研究综述

在国内，相较于图书馆阅读推广研究，高校图书馆阅读推广研究起步较晚，专门性著作较少。2013 年 6 月，由赵俊玲、郭腊梅和杨绍志主编的《阅读推广：理念·方法·案例》一书，由国家图书馆出版社出版。该书在第四章第二节专门论述了高校图书馆阅读推广概况，是国内较早系统的研究高校图书馆阅读推广工作的专著。书中首先分析了大学生阅读类型（目的阅读型、从众阅读型、随意阅读型），再介绍了高校图书馆阅读推广主要方式（读书节、馆藏推荐、课程与讲座、比赛与评比、交流活动），最后提出了关于高校图书馆阅读推广策略的几点思考：一是成立学校阅读推广委员会，为阅读推广提供人、财、物等资源保障；二是引进“大阅读”观念，指导学生读好“生活与人生”这部“无字书”；三是增加阅读治疗平台，把“文学疗愈”作为大学生阅读推广的重要人文基础；四是因势利导，注重新的交互工具在阅读推广中的广泛应用；五是充分发挥读者的作用，成立读者协会促进阅读[①]。书中关于高校图书馆阅读推广进行了

① 赵俊玲，郭腊梅，杨绍志 . 阅读推广：理念·方法·案例［M］. 北京：国家图书馆出版社，2013：79–87.

较为系统的总结，理论水平较高，同时理论与实践结合紧密，列举了诸多极具参考价值高的高校图书馆阅读推广经典案例。2014 年 11 月，陈钰、赵曼娟和毛雁主编的《大学生阅读推广与校园文化建设》，由世界图书出版广东有限公司出版。该书主要包括阅读推广的起源、大学生阅读行为分析、大学校园内的阅读推广模式及案例分析等章节内容，详尽探讨了阅读推广的起源、阅读、世界读书日的由来、全民阅读、大学生阅读环境、习惯和现状等主题内容，并对现阶段高校图书馆开展的阅读推广主要活动（包括：阅读节、图书漂流、阅读引导课程、读书会、图书馆社交网络、举办特色主题活动、阅读推广联盟）模式及具体实践案例进行了深入全面的介绍，是高校图书馆开展阅读推广活动的指南性文献。

2014 年 10 月，教育部高等学校图书馆情报工作指导委员会启动首届全国高校图书馆阅读推广案例大赛，2015 年 10 月，在华中师范大学胜利召开大赛总决赛。一年里，来自全国各高校图书馆的 456 个阅读推广案例参加角逐，最后评选出 38 个活动效益好、影响力大、代表性强的案例进入决赛。决赛共评出一等奖 6 个案例，二等奖 12 个案例、三等奖 17 个案例，另外香港大学图书馆、香港理工大学图书馆、澳门大学图书馆的参赛案例分获特别奖。大赛平台有效促进了全国各地高校图书馆阅读推广工作的经验交流和分享，推动了高校图书馆阅读推广活动的转型和提质。在大赛期间和大赛结束后不久，先后有两本分享大赛案例成功经验的专著问世。一本是由陈进、顾萍、郭晶主编，于 2015 年 6 月由海洋出版社出版的《高校图书馆服务创新案例精编》，书中收录了大量的特色鲜明、活色生香的案例，是高校图书馆根据自身实际馆情和用户需求，将所思、所想、所悟的创新灵感运用到具体阅读推广服务工作中的成功典型，是全国高校图书馆员集体智慧的呈现，更是图书馆界阅读推广创新思想的重大突破。另一本是由陈进、李笑野和郭晶主编，于 2017 年 1 月由海洋出版社出版的《高校图书馆阅读推广案例精编》，书中搜集了 49 个高校图书馆阅读推广的经典案例，案例题材广泛、内容新颖，涉及主题阅读推广、校园书香精品案例、读者参与特色范例、创意阅读、导读刊物等多种类型活动，充分反映了高校图书馆馆员的智慧，体现出高校图书馆馆员对阅读推广工作经验的细致归纳和独特思考。

“阅读推广人”培育行动，是继党的十八大报告在《扎实推进社会主义文化强国建设》章节中明确表示要“开展全民阅读活动”后，中国图书馆学会为规范和有效地推进全民阅读工作，在长期从事阅读推广工作经验积累的基础上，于2014年中国图书馆学会全民阅读推广峰会暨“阅读推广人”（首期）培育正式启动的专项活动。至今已经连续举办九届，培养了一大批从事阅读推广的专业人士。阅读推广人培训课程分为阅读推广人基础级、阅读推广人提高级、阅读推广人研究级三个级别。为了使阅读推广人培训工作规范、科学与公正，中国图书馆学会以图书馆界、图书馆学界、教育界、新闻出版界相关学者为基础，组建阅读推广人培训指导委员会。委员会委托王余光先生为总主编，分别于2015年12月和2017年6月由朝华出版社出版了《大学图书馆阅读推广》等12本阅读推广人系列教材，其中《大学图书馆阅读推广》是由王新才主编，黄鹏和王媛为副主编，专门指导高校图书馆开展阅读推广活动的文献。图书不仅是中国图书馆学会“阅读推广人”培育行动配套教材、高校图书馆从业者工具书，还是国家文化强国战略之“大力推进全民阅读”延伸读物。图书以大学图书馆的阅读推广活动为切入点，重点介绍了大学图书馆阅读推广活动的意义和筹备策划等工作，以理论与实践相结合的思路，融入了8个成功的大学图书馆阅读推广案例，以便帮助广大高校图书馆阅读推广工作者深入掌握高校图书馆阅读推广发展趋势和最近动态。

第二节　高校图书馆阅读推广论文研究综述

通过“中国知网”（CNKI）调查发现：从2010年4月国内第一篇正式以“高校图书馆阅读推广”为主题的期刊论文（《高校图书馆面对社区阅读推广的可行性分析》）面世起至2017年11月1日，国内学者以“高校图书馆阅读推广”或“大学图书馆阅读推广”为主题的期刊论文、硕士学位论文、国内会议论文等研究成果已经超过1500篇。主题研究已经成为热点，研究成果数量已经达到一定规模，研究体系也已经相对比较完善。从论文的数量与年度分布可以看出，随着2009

年中国图书馆学会阅读推广委员会的成立并在全国范围内组织开展了大量的实践工作和理论研究，所以从2010年开始研究成果数量迅速增长，且快速增长的势头一直保持至今。

随着高校图书馆阅读推广活动持续深入和延伸，在未来的若干年内相关主题的发文量还会不断上升。从论文的作者角度分析可以看出，研究人群既有图书馆界专业人员，也有教育界、新闻出版界、社会媒体界等专业人士；图书馆界业内研究人员既有专业学者，也有专业学生和图书馆工作一线人员，甚至是高校内其他学科专业背景的教师。正可谓，阅读全民参与，阅读推广人人关注。从论文的期刊载文情况分析可以看出，既有像内蒙古科技与经济、河南图书馆学刊和科技情报开发与经济这样的普通专业期刊，也有像图书情报工作、大学图书馆学报和图书馆学研究等核心专业期刊积极刊发相关主题的研究成果。可以看出不管是普通期刊还是核心期刊，其中有95.35%是有关图书情报类的专业期刊，研究成果表现出很强的专业性和专业认可度。然而只有不到30%的研究成果发表在相关核心期刊上，说明研究成果专业水平虽在不断提升，但仍然需要进一步加强专业研究深度。从论文的基金支持角度分析可以看出，既有国家社会科学基金、国家自然科学基金资助和全国教育科学规划等资助，也有各省市的教育、人文社科和科技等部门基金的资助，还有大量高校内部基金的支持。可以看出，从国家到省市再到高校，从上到下，从内到外，高校图书馆阅读推广研究工作获得了政府和高校等部门全方位的支持，同时也可以看出作为资金支持的研究论文具有较强的新颖性、较高的学术价值和较强的实践工作指导作用。从论文的研究主题角度分析，可以看出目前国内高校图书馆阅读推广研究的内容和趋势主要分为以下七大内容。

一、高校图书馆阅读推广的意义

高校图书馆开展阅读推广，首先要明确活动的目的与意义。朱珺（2012）①：提出面对当代师生阅读率下降及阅读倾向发生偏差的严峻形势，高校图书馆需要

① 朱珺 . 高校图书馆阅读推广研究［J］. 知识窗：教师版，2012（2）：4–5.

发挥自身的资源和人才优势，为广大师生提供切实有效的阅读指导。高校图书馆通过建立长效的阅读推广机制，能扭转读者阅读“退化”的不利局面。高校图书馆要通过多种方式和多种渠道主动为师生进行阅读指导，让大学生具备为社会服务的知识、技能和文化修养，让教师更好地为教学科研服务。如今，学者们已经普遍认识到高校图书馆阅读推广工作的重要意义，但由于面临人力、资金、空间等方面的制约，活动多以校内师生读者为对象。从推广阅读的层面看，高校图书馆还未能发挥作为社会文化信息中心的功能作用。但有学者认为高校图书馆作为我国文化事业重要组成部分，理应在构建书香社会的进程中发挥积极作用。因为高校图书馆不仅肩负着培养阅读中坚力量——当代大学生的阅读兴趣和阅读习惯的义务，同时还肩负着服务社会的职能。高校图书馆因其公共性、专业性和特有的丰富阅读资源决定了它是社会读书活动的一个主要阵地，是倡导全民阅读、终身阅读和快乐阅读等理念的中坚力量，在构建阅读社会中要担当倡导者、组织者和执行者的角色。另外，高校图书馆无论在服务对象、服务目的，还是馆藏资源方面，都与公共图书馆有着明显的差异，可以说高校图书馆是弥补公共图书馆不足的合适角色。

面对全民阅读推广事业的发展需要和高校图书馆普遍开展阅读推广的现实，为了进一步助推高校图书馆阅读推广工作的深入有效发展。2015 年 12 月 31 日，教育部印发《普通高等学校图书馆规程》(以下简称“《规程》”)，虽然并未明确规定高校图书馆阅读推广工作职责，但规章条例中多处提及并鼓励高校图书馆应该积极主动发挥自身优势，面向校内校外读者开展活动化、有吸引力的阅读推广活动。《规程》内容包括[①]：第三条，图书馆应充分发挥在学校人才培养、科学研究、社会服务和文化传承创新中的作用。第四条，图书馆的主要任务是……方便全校师生获取各类信息；不断拓展和深化服务……发挥信息资源优势和专业服务优势，为社会服务。第二十四条，图书馆应积极参与国内外文献信息资源建设的馆际协作，实现资源共建共享。第二十六条，图书馆应合理组织馆藏纸质资源，便于用户获取和利用……第二十八条，图书馆应坚持以人为本的服务理念，保护

① 教育部关于印发《普通高等学校图书馆规程》的通知［EB/OL］.［2016-01-04］.http：//www.moe.edu.cn/ srcsite/A08/moe_736/s3886/201601/t20160120_228487.html.

用户合法、平等地利用图书馆的权利……第三十条，图书馆应不断提高文献服务水平，采用现代化技术改进服务方式，优化服务空间，注重用户体验，提高馆藏利用率和服务效率。第三十一条，学校图书馆应充分发挥第二课堂的作用，采取多种形式提高学生综合素质。图书馆应重视开展信息素质教育，采用现代教育技术，加强信息素质课程体系建设，完善和创新新生培训、专题讲座的形式和内容。第三十二条，图书馆应积极参与校园文化建设，积极采用新媒体，开展阅读推广等文化活动。第三十五条，图书馆应为残障人士等特殊用户利用图书馆提供便利。第三十六条，图书馆应加强与公共图书馆和其他类型图书馆的协作，开展馆际互借和文献传递、联合参考咨询等共享服务。第三十七条，图书馆应在保证校内服务和正常工作秩序的前提下，发挥资源和专业服务的优势，开展面向社会用户的服务。依据《规程》，结合长期的实际工作和读者的现实需求，高校图书馆开展阅读推广，是必然的，也是必需的。高校图书馆应该充分发挥自身人员、资源、设施等优势，在推进全民阅读推广的浪潮中，面向校内师生和校外社会大众，勇于承担历史重任，肩负社会责任。

二、大学生阅读现状与阅读推广

随着计算机网络信息技术的发展、社会和社会文化的变迁以及图书馆工作的转型等，新时期的大学生阅读习惯、兴趣、目的和方式已经发生了巨大的变化。高校图书馆必须要掌握大学生真实的且个性化十足的阅读需求，才能做到有的放矢地开展阅读推广工作。针对新时期的大学生阅读现状和趋势，学者们展开了深入的探讨。刘静（2011）①：分析了当代大学生的阅读动机、阅读目的、阅读类别、阅读途径和阅读环境，指出高校图书馆应该通过进一步优化馆藏结构，提高书刊采访质量；加强图书文献宣传，提高选择和鉴赏能力；通过优质导读服务，提高服务质量；坚持创新为发展动力，加强图书馆组织文化建设等途径，以建设和谐大学校园、弘扬和谐校园文化为契机，以引导大学生课外阅读、激发大学生读书兴趣、解决大学生阅读问题等为手段，最终提高大学生综合素质。沈梅（2017）②：

① 刘静．当代大学生阅读现状调查和阅读推广研究［J］．内蒙古科技与经济，2011（18）：4–6.

② 沈梅．论大学生阅读现状及图书馆阅读推广工作［J］．内蒙古科技与经济，2017（6）：97–99.

分析了大学生的阅读动机与目的、阅读倾向、阅读方式和阅读问题，总结了大学图书馆阅读推广工作存在的问题，提出高校图书馆要通过发挥馆员、学生社团和校内其他部门的作用，构建长效的阅读推广机制。同时，面对信息技术的变革和新媒体的不断涌现，思想活跃易于接受新事物的大学生的阅读已经呈现功利性、碎片化、浅阅读等特征。所以，陈卫萍（2011）①：提出高校图书馆应针对全媒体时代大学生的阅读现状，需要将传统文化经典阅读推广工作放在重要地位，运用多种形式的服务策略，引领大学生阅读经典，提高人文素养。另外，学者们还经常以某一高校学生的具体阅读现状，探讨高校图书馆的阅读推广策略，如李宝琴和史惠媛（2014）②：对黑龙江中医药大学大学生阅读现状与图书馆阅读推广工作现状进行了调研，提出通过文献资源建设、读者服务建设、阅读教育建设及阅读文化建设，构建完善的图书馆阅读推广机制，实现高校图书馆“阅读育人”的使命职责。

三、高校图书馆阅读推广策略

根据中国图书馆学会发布的《大学生阅读暨高校图书馆阅读推广问卷调查报告》③显示：当前大学生阅读推广主要组织方式包括以下 14 种：读书征文比赛、图书推介、名家讲座、图书捐赠、读书有奖知识竞赛、图书漂流、精品图书展览、经典视频展播、读书箴言征集、名著影视欣赏、馆徽设计征集、名著名篇朗诵、品茗书香思辨赛和评选优秀读者。活动形式不可谓不多样，活动内容不可谓不丰富，然而相关研究和实践表明，在消耗了大量的人力、物力和财力后，国内高校阅读推广的收效却不尽如人意。学者们开始认识到利用不同学科知识和技术方法，通过加强顶层设计制定科学合理的活动策略，才是阅读推广活动成败的关键所在。

① 陈卫萍 . 基于全媒体时代的高校图书馆经典阅读推广研究［J］. 湖北函授大学学报，2011，24（11）：37–38.

② 李宝琴，史惠媛 . 基于大学生阅读现状与高校图书馆阅读推广工作的调查与思考——以黑龙江中医药大学图书馆为例［J］. 黑龙江高教研究，2014（7）：125–127.

③ 大学生阅读委员会，阅读与心理健康委员会. 大学生阅读暨高校图书馆阅读推广问卷调查报告［EB/OL］.［2012–02–06］. http：//www.lsc.org.cn/Attachment/Doc/1325145488.pdf.

李敏（2011）①：认为阅读推广“授人以渔”工作非常重要，提出图书馆应从激活阅读情商、教会阅读方法、编制阅读规划等方面入手，最终实现“授人以渔”的教育职能。成晓东（2011）②：提出以“读诗书”劝学的策略，借助古代读书诗促进馆员与读者互动，激发读者读书热情。黄静（2013）③：提出内容营销的理念和书单策展的概念，指出通过各种策展工具的灵活善用，以众包的形式帮助他人“披沙拣金、辩章学术”，认为大学生阅读推广不能再停留在对某本书或某个作家的推荐，而要上升到“读者发展”的高度，传播阅读经验，扩展阅读选择，增强读者自信，最终促进读者文化能力发展的创造性。刘丽杰和范凤霞（2017）④：提出运用大数据理念和技术，对阅读推广策略进行重构，以便打造活动品牌，提升活动效益。

四、数字化阅读推广

高校图书馆早期的阅读推广内容多以中外文学经典、红色经典和优秀教科书等书籍为主，也包括一些期刊、论文、报纸等。近年来，随着数字技术、网络技术和移动智能设备的迅猛发展，高校图书馆逐渐认识到新媒体和新媒体阅读已经成为大学生读者的新宠。在新媒体阅读推广研究中又以数字阅读推广为多，以微阅读推广为新方向。

（一）数字化阅读推广

所谓数字阅读是指阅读的数字化，主要有两层含义：一是阅读对象数字化，如电子书、网络小说、电子地图、数码照片、博客、网页等；二是阅读工具数字化，如电脑、PDA 手机、阅读器等。与传统的纸质出版物相比，数字化电子出

① 李敏．致力阅读关怀 实现“授人以渔”——高职院校阅读推广工作研究［J］．图书情报工作，2011（s2）：232–233.

② 成晓东．以“读书诗”劝学：高校图书馆阅读推广的新形式［J］．大学图书馆学报，2011，29（4）：90–93.

③ 黄静．书单策展：大学生阅读推广的众包策略［J］．图书馆杂志，2013，32（9）：62–68.

④ 刘丽杰，范凤霞．大数据环境下高校图书馆阅读推广策略与实现路径［J］．西南民族大学学报：人文社科版，2017，38（8）：225–228.

版物具有存储空间小、检索便捷、便于保存、成本低廉等优点。所以数字化阅读日益受到年轻大学生的欢迎和追捧。据 2017 年 4 月 18 日，中国新闻出版研究院公布的第十四次全国国民阅读调查报告显示数字化阅读方式的接触率为 68.2%，较 2015 年的 64.0% 上升了 4.2 个百分点 ①。目前，数字化阅读推广模式主要有社会化媒体推广、电子阅读器推广和移动图书馆推广三种模式 ②，黄志琴（2014）③：认为高校图书馆云服务的应用加快了数字阅读的推广，并从高校图书馆的电子资源储备、云服务平台构建以及云服务在线虚拟人力资源三方面对高校数字阅读推广进行了分析，提出了多元化的移动数字阅读推广策略，包括塑造移动数字阅读品牌、为读者提供规范化和长期的阅读推荐、实现移动网络互动的个性化知识服务，让读者随时随地获得高质量的阅读资源，推进云服务下移动图书馆的建设等。高校图书馆在开展数字化阅读推广过程中应该注意将浅阅读、碎片化阅读与经典阅读相结合，以便满足不同读者的阅读需求。曹雪菲（2016）④：介绍了河北师范大学图书馆开展的一系列“经典阅读”+“数字阅读”推广活动，认为高校图书馆应顺应“数字化阅读”的潮流趋向，捕捉新媒介环境下各种阅读方式的新动向，运用新的推广手段，激发师生读者对图书馆各项活动的参与积极性。

（二）新媒体阅读推广

随着网络和移动数据客户端的发展，微媒体应运而生。目前，微媒体的形式主要是微博和微信。面对年轻的大学生读者，如何有效利用微媒体开展微阅读推广，学者们开展了大量的研究工作。连朝曦（2014）⑤：分析高校图书馆利用微信公众平台开展阅读推广的优势，提出图书馆在利用微信公众号开展阅读推广过程中，一方面要加强对图书馆微信的宣传和推广，另一方面要对微信的内容进行精心策划，持之以恒地开展微信服务，使其成为阅读推广的一项常规性、制度性工

① 第十四次全国国民阅读调查报告出炉：2016 年人均阅读 7.86 本书［EB/OL］.［2017–04–18］. http：//book.sina.com.cn/news/whxw/2017–04–18/doc–ifyeimqy2574493.shtml

② 谢蓉 . 数字时代图书馆阅读推广模式研究［J］. 图书馆论坛，2012，32（3）：23–27.

③ 黄志琴 . 基于云服务的高校数字阅读推广研究［J］. 图书馆学研究，2014（3）：20–23.

④ 曹雪菲 . 数字阅读时代高校图书馆阅读推广实践探索［J］. 四川图书馆学报，2016（1）：46–48.

⑤ 连朝曦 . 微信在高校图书馆阅读推广中的应用［J］. 图书馆学刊，2014（12）：78–82.

作。李剑（2015）[①]：从资源推荐、线下活动展示、微阅读等方面对广东省高校图书馆应用微信公众平台开展阅读推广工作的总体情况进行了调查，认为活动存在应用不普遍、方式与功能不完备、整体规划不强和个性化不足等问题，指出图书馆要开展多元化、个性化的微阅读推广活动。张兴刚和袁毅（2017）[②]：则采用描述性分析方法对“十点读书”新浪微博的用户行为数据进行了统计分析，提出高校图书馆微博阅读推广需要通过图书馆官方微博的粉丝数、引导读者的阅读兴趣、共建扁平化的微博阅读推广团队三个方面改进和提升阅读推广效益。

五、国内高校图书馆阅读推广实践总结

经过十多年的发展，高校图书馆在阅读推广工作过程中积累了丰富的宝贵经验。相关专家学者和工作人员在整理典型案例的基础上，进一步总结分析了活动的成败是非及其原因，希望以此为鉴给今后的阅读推广工作指明方向。高校图书馆阅读推广工作活动主体不仅仅只是图书馆，还应该包括校内其他部门和领导与教师，同时要将阅读推广工作常规化，深入读者日常学习和工作中。彭艳等人（2012）[③]：详细描述了首都师范大学图书馆自 2008 年起开展的“我爱经典”系列读书活动，总结提出高校图书馆在推广经典阅读过程中需要学校领导、院系和教师的支持，建议学校把经典学习纳入大学生的正式课程，将经典阅读分为学科经典和综合性经典两部分。王姝等人（2014）[④]：以重庆大学图书馆为例，提出了高校图书馆阅读推广五要素：用户、主体、载体、渠道、活动，介绍了重庆大学图书馆设置文化育人中心，围绕“阅读让图书馆无处不在”的理念开展的阅读推广活动。

提升阅读推广活动口碑，建立阅读推广活动品牌，是高校图书馆建立工作长

---

① 李剑．微信公众平台在阅读推广中的应用分析——以广东省高校图书馆为例［J］．图书馆研究，2015，45（4）：92–96.

② 张兴刚，袁毅．自媒体阅读平台用户互动行为研究——以“十点读书”新浪微博为例［J］．情报科学，2017（9）：79–83.

③ 彭艳，屈南，李建秀．试论大学图书馆的经典阅读推广——以首都师范大学图书馆为例［J］．大学图书馆学报，2012，30（2）：91–94.

④ 王姝，魏群义，黄娟．高校图书馆阅读推广理论架构与实践——以重庆大学图书馆为例［J］．图书情报工作，2014，58（11）：73–76.

效机制的方向和目标。刘金涛等人（2013）[①]：阐述了上海财经大学图书馆阅读推广品牌活动——“悦读”的理念、涵义及活动设计原则，并从活动的品牌化与系列化、活动内涵的深化、合作支持的多元化、全媒体推广平台的利用等四个方面分析2011年“悦读·在路上”阅读推广系列活动的工作经验。程晓岚（2016）[②]：介绍分析了厦门大学图书馆“圕·时光”阅读推广营销案例的成功之道。韩丽风等人（2016）[③]：以清华大学“爱上图书馆”活动为例，提出增强一线服务馆员的职业理念、服务精神、创新精神、专业精神的重要性，并提出了图书馆面向一线馆员的内部营销和团队建设实践策略。

六、国外以及港澳台地区高校图书馆阅读推广案例介绍

众所周知，欧美国家及港澳台地区阅读推广历史较早，工作体系构建也比较完善，活动的经验也值得宣传和借鉴，所以国内学者从阅读推广工作研究初期就开始注重对其介绍研究工作，并结合国内工作的现状，加以学习、创新和发展。总体上，相关研究夹杂在“阅读推广”的大主题内，针对性的专门研究主要有以下几篇文章。程文艳等人（2012）[④]：介绍了新加坡南洋理工大学图书馆、韩国江原大学图书馆与美国哈佛大学图书馆等推广阅读文化的成功经验，认为我国高校图书馆在组织机构与制度建设、推广范围、资金资助与服务模式创新方面落后于国外高校图书馆，提出应从建构阅读推广的长效发展机制、扩大阅读推广范围、建立促进阅读基金会（合作团体）、充分利用先进的传媒技术与手段使阅读推广活动常办常新等策略入手，推广我国高校图书馆阅读文化活动。游祎（2014）[⑤]：详细梳理了美国高校图书馆阅读推广活动的历史及现状和活动主要形式，总结了

① 刘金涛，谭丹丹，孙阳阳．推动引导大学生课外阅读 培养提升终身学习能力——上海财经大学图书馆阅读推广案例研究［J］．图书馆论坛，2013，33（3）：145–150.

② 程晓岚．厦门大学图书馆的“圕·时光”营销实践与启示——以对IFLA国际营销奖高校图书馆的获奖项目分析为切入点［J］．图书与情报，2016（5）：62–69.

③ 韩丽风，张坤竹，范莹莹．面向一线馆员的内部营销与团队建设实证研究——清华大学“爱上图书馆”馆员系列活动案例［J］．大学图书馆学报，2016，34（5）：59–64.

④ 程文艳，张军亮，郑洪兰，等．国外高校图书馆推广阅读文化的实例及启示［J］．图书馆建设，2012（5）：47–50.

⑤ 游祎．美国高校阅读推广活动发展情况探析［J］．图书馆理论与实践，2014（9）：89–92.

当前美国高校图书馆面临的主要障碍，探讨了解决问题的方案，旨在为我国高校图书馆的阅读推广活动提供有益借鉴。卢美辰和金华（2016）①：介绍了日本金城学院图书馆在2012—2014年期间开展的阅读推广活动，总结了其成功的经验，并结合国内高校的阅读推广活动情况，提出创新推广形式、阅读活动品牌化、多方合作发挥学生社团作用、扩大校园阅读推广的社会影响。

由于港澳台地区图书馆阅读推广的理念和实践工作早已形成，但学者们并未将阅读推广作为一个相对独立的专门性主题予以探讨和研究，国内学者关于港澳台地区高校图书馆阅读推广的介绍则更少，主要有以下几篇相关文献。王德和（2007）②：介绍了澳门大学图书馆为提升师生学习和掌握使用电脑查阅资料的能力，举办了各种形式的培训班，其中培训班分两类：一类面向校内师生，另一类面向社会各界人。王万起（2015）③：采用网站调查与文献分析相结合的方法，调查了香港高校图书馆馆际互借与文献传递服务现状，从服务内容、服务对象、服务方式、传递时间、服务费用及补贴、版权声明等方面进行了分析，提出对国内高校图书馆在开展阅读推广工作中要重视同城高校图书馆间的协作，要以读者为导向开展服务，要加大文献传递补贴力度，要重视提高读者的版权意识。潘秋玉（2016）④：调查了台湾地区58所高校图书馆开展的主题书展、推荐书目、图书馆周、电子书推广等阅读推广活动，总结了台湾地区高校图书馆在阅读推广过程中早就意识到设置独立推广部门、注重活动长效性和趣味性、积极吸引用户参与、加强馆际协调和探究评估等工作的重要性。

七、高校图书馆阅读推广的效果评价

目前，国内高校图书馆阅读推广工作最薄弱也是最亟待加强的环节就是活动评估。评估工作包括活动事先、事中、事后和多方位多角度的反思和评价，评估

① 卢美辰，金华．日本金城学院大学图书馆阅读推广实践及启示［J］．河北科技图苑，2016，29（1）：63–66.

② 王德和．澳门大学图书馆的启示［J］．教育，2007（23）：58–58.

③ 王万起．香港高校图书馆馆际互借与文献传递服务现状及启示［J］．图书馆学研究，2015（5）：74–77.

④ 潘秋玉．台湾地区高校图书馆阅读推广实践及经验［J］．图书馆，2016，259（4）：92–96.

工作是确保活动有效开展和进一步转型升级的基本保障措施。随着阅读推广工作的不断深入，学者们逐步认识到评估工作的重要性，并积极探讨了如何有效开展评估工作。岳修志（2012）[①]：归纳了17种高校阅读推广活动的形式，提出了评价阅读推广活动的14个指标，并组织了24所高校2038位大学生和21所高校图书馆阅读推广活动的69位负责人，对大学生阅读现状与困难、阅读推广活动的影响因素和17种阅读推广活动进行了调查、评价和分析。尹秀波（2015）[②]：从读者的视角，以读者满意度、阅读心理、阅读能力、阅读行为四个方面构建评价体系，对读者的感知变化进行调查分析。许天才等人（2016）[③]：利用网络调研法和文献调研法对诸多高校图书馆阅读推广案例以及相关工作进行了分析研究，总结出阅读推广评价机制的关键要素，提出预评价机制的构建及对缓解阅读推广工作中难点的帮助。

① 岳修志．基于问卷调查的高校阅读推广活动评价［J］．大学图书馆学报，2012，30（5）：101–106.

② 尹秀波．基于读者视角的高校图书馆阅读推广活动评价研究——以黑龙江科技大学为例［J］．河北科技图苑，2015，28（5）：77–80.

③ 许天才，杨新涯，徐娟，等．高校图书馆阅读推广评价机制的研究［J］．图书情报工作，2016（17）：47–52.

第二篇

高校图书馆阅读推广工作

第[illegible]章

[illegible]

第五章　高校图书馆阅读推广概况 ①②

第一节　高校图书馆阅读推广的含义

一、高校图书馆阅读推广的定义

阅读推广是否应该成为图书馆主流服务之一，阅读推广的含义又是什么？《阅读推广手册》《公共图书馆宣传推广与阅读促进》等文件和规章制度都没明确给出答案。但国内学者们普遍持有的观点，即作为全民阅读推广的重要动力源泉，也是全民阅读的前沿阵地，图书馆应该充分利用其自身优势，开展阅读推广，促进全民阅读，构建书香社会。至于前面两个问题，学者们并没有过多的纠缠，而是将研究和工作的重心放在了如何提高阅读推广效益等主题上。

至于阅读推广是否已经成为图书馆的主流服务，虽然目前很多图书馆都设立了独立的专门负责阅读推广工作的部门或专职人员，但就国内图书馆现状而言，起码在高校图书馆范围内阅读推广暂时还不能说已经成为主流服务。至于什么是阅读推广，目前国内图书馆界主要有以下五个具有代表性的“阅读推广”定义。

① 李明．高校图书馆阅读推广现状与思考——以铜陵职业技术学院为例［J］．图书馆学刊，2016（5）：69–72.

② 李明，王德银．基于量化分析下的高校图书馆阅读推广体系构建［J］．农业图书情报学刊，2016，28（8）：22–29.

谢蓉（2012）[①]："图书馆阅读推广活动是图书馆作为推广主体，通过一定的推广媒介，利用特定的设施设备，选择适当的阅读内容并对活动形式进行一定的设计，从而对阅读推广的客体对象（特定的读者群体）施加影响，并接受反馈不断调整以期达到最佳效果的所有工作。"范并思（2014）[②]："图书馆服务形式中应该包含阅读推广；阅读推广的对象是普通公民，但是重点应该关注的是由于各种原因造成不能正常利用图书馆的各类读者；阅读推广是通过形式多样的活动加以外化的服务；阅读推广是通过图书馆员介入式的方式来开展的服务；阅读推广的最终目标是通过阅读培养公众的阅读饥饿感，从而提高公民的素养。"张怀涛（2015）[③]："阅读推广顾名思义就是推广阅读；简言之就是社会组织或个人为促进人们阅读而开展的相关活动，也就是将有益于个人和社会的阅读活动推而广之；详言之就是社会组织或个人，为促进阅读这一人类独有的活动，采用相应的途径和方式，扩展阅读的作用范围，增强阅读的影响力度，使人们更有意愿、更有条件参与阅读的文化活动和事业。"王波（2015）[④]："阅读推广，就是为了推动人人阅读，以提升人类文化素质、提升各民族软实力、加快各国富强和民族振兴的进程为战略目标，而由各国的机构和个人开展的旨在培养民众的阅读兴趣、阅读习惯，提高民众的阅读质量、阅读能力、阅读效果的活动。"王新才（2017）[⑤]："大学图书馆阅读推广，主要是针对大学生的阅读推广活动，是大学图书馆工作者根据图书馆的文献收藏，针对读者，尤其是广大大学生读者的阅读需求而开展的特定的文献信息推荐及阅读组织活动。"

那么，高校图书馆阅读推广的定义又该如何界定呢？2015 年最新颁布的《普通高等学校图书馆规程》中明确指出："高校图书馆的主要职能是教育职能和信息服务职能。即图书馆应该充分发挥在学校人才培养、科学研究、社会服务和文化传承创新中的作用。[⑥]"所以狭义的高校图书馆阅读推广，应该是以高校图书馆

① 谢蓉．数字时代图书馆阅读推广模式研究［J］．图书馆论坛，2012（3）：23–27.

② 范并思．阅读推广与图书馆学：基础理论问题分析［J］．中国图书馆学报，2014（5）：8–13.

③ 张怀涛．阅读推广的概念与实施［J］．河南图书馆学刊，2015，36（1）：2–5.

④ 王波．阅读推广、图书馆阅读推广的定义——兼论如何认识和学习图书馆时尚阅读推广案例［J］．图书馆论坛，2015（10）：1–7.

⑤ 王新才．大学图书馆阅读推广［M］．北京：朝华出版社，2017：1.

⑥ 教育部关于印发《普通高等学校图书馆规程》的通知［EB/OL］．［2016–01–04］.http：//www.moe.edu.cn/ srcsite/A08/moe_736/s3886/201601/t20160120_228487.html.

为主导联合校内外其他部门或单位，利用各种渠道和资源，向师生读者宣传推广图书馆及其资源和服务，旨在培养师生阅读兴趣、习惯、能力和专业学科知识为目的的一系列推广阅读的活动和措施。广义的高校图书馆阅读推广，还应该体现高校的社会服务功能，其客体对象还应包括社会大众，其目标也应上升至提升国民阅读素养和文化水平。

二、高校图书馆阅读推广的构成要素

阅读推广与其他事物一样，在其构成中必须具备一些不可或缺的组成要素。总体上看，必须包括主体、客体、对象、目标、活动、效果。高校图书馆阅读推广的主体即阅读推广组织者，是指阅读推广发起者，具体指高校图书馆，或是以高校图书馆为主导校内外其他相关利益者积极参与的临时或固定的组织，或是以校内外其他相关利益者为主导高校图书馆积极参加的临时或固定的组织。高校图书馆阅读推广的客体，是指阅读推广的目标群体，主要包括在校师生，也包括社会大众和组织。高校图书馆阅读推广的对象，是指阅读推广过程中向客体推广的内容，主要指各种类型和载体的文献资源、阅读工具、阅读理念和文化等。高校图书馆阅读推广的目标，是指阅读推广所期望达到的作用和实现的意义，也就是为什么推广，具体指如何提升师生阅读素养和综合素质，如何促进社会大众走进图书馆利用资源。高校图书馆阅读推广的活动，是阅读推广的载体，是指阅读推广的内容和形式。高校图书馆阅读推广的效果，是指阅读推广产生的影响和结果是否与所希冀的目标一致，效果可分为显性效果和隐性效果。

三、高校图书馆阅读推广的特点

相对于公共图书馆，高校图书馆阅读推广工作除了具有文化传承性、公众参与性、社会公益性、定位多向性、主动介入性、成效滞后性等特点外[①]，还具有以下特点：

1. 活动主客体一体性。总体上，高校教师和大学生具有良好的文化素养和综

① 张怀涛．阅读推广的概念与实施［J］．河南图书馆学刊，2015，36（1）：2–5.

合素质，有能力也更有意愿转换为阅读推广活动角色，充当活动主体。新媒体时代下，借助于互动性强的信息传播技术，师生读者更能方便快速的转换角色。所以，高校师生及相关组织经常既是阅读推广活动的主体又是活动的客体，二者时常融为一体。

2. 活动客体单一性。就目前而言，高校图书馆阅读推广活动最主要、最大的客体群体来源是比较单一的校内师生读者及相关组织，复杂的层次多样的校外社会大众读者只是零星的散落在各种活动和师生读者之中。

3. 活动对象专业性。由于活动客体的特殊性，所以相对于公共图书馆，高校图书馆阅读推广活动内容所选择的资源和内容往往具有较强的学科专业性和较高深的学术理论性。

4. 活动效果显著性。虽然阅读推广活动效果评价一直难以定量统计，但高校图书馆阅读推广活动效果在一定程度上还是可以从教师的教学水平和质量、教科研水平和学生的学习成绩、综合素质等指标上，进行适当的定量分析与评价。

5. 活动目标特殊性。相对于公共图书馆开展的践行阅读自由和公平等阅读推广活动，高校图书馆阅读推广活动更多关注的是师生读者的阅读质量和品位以及高校和高校图书馆的人才培养目标和宗旨。

四、高校图书馆阅读推广的目标

岳修志（2012）①："阅读推广的目的是为了激发读者的阅读兴趣和提高读者的阅读能力。"范并思（2013）②："阅读推广的理论目标是引导缺乏阅读的人阅读，训练有阅读意愿而不善于阅读的人阅读，帮助阅读困难的人阅读，为具有较好阅读能力的人提高阅读服务。"施晓莹等（2014）③："阅读推广的目标不是简单地提高读者的数量，更重要的是为了读者本身的发展、提升读者的阅读兴趣、培

① 岳修志．基于问卷调查的高校图书馆阅读推广活动评价［J］．大学图书馆学报，2012（5）：101–105.

② 范并思．阅读推广为什么？［J］．公共图书馆，2013（3）：4–4.

③ 施晓莹，谌敏，张岩．基于读者视角的图书馆阅读推广价值评价研究［J］．农业图书情报学刊，2014，26（9）：74–77.

养读者健康的阅读习惯。”于良芝（2014）[①]:“阅读推广主要指以培养一般阅读习惯或特定阅读兴趣为目标。”然而由于高校图书馆不同于公共图书馆，作为高校三大支柱之一，其活动的开展必然与教学、科研存在着千丝万缕的联系，活动的目标不可能完全脱离促进专业学科学习、各类考试、创新创业教育等人才培养目标，而只是单纯的培养阅读兴趣爱好和能力。所以狭义的高校图书馆阅读推广，即以图书馆为主导联合其他部门和单位，在充分利用现有资源的基础上，开展培养师生阅读兴趣、习惯和能力，提升师生专业技能和综合素质的系列活动，旨在实现学校教育教学目标和图书馆宗旨。广义的高校图书馆阅读推广，还应该体现高校的社会服务职能，其对象还应包括社会大众，其目标要上升至促进国民阅读兴趣和素养。正如北京大学图书馆提出的观点，即“作为高校图书馆必须兼顾各类学生要求，兼顾各项职能的落实，必须将畅销新书、休闲类书籍的阅读推广和严肃的学术类书籍、教学类书籍的阅读推广相融进行或交替进行，阅读推广不能只看读者参与人数和社会反响程度，还要看是否与高校图书馆的任务和宗旨相符合”[②]。

五、高校图书馆阅读推广的类型

有学者曾将高校图书馆阅读推广可以分为教育功能与使命、深化阅读、信息保障、和谐关系和艺术鉴赏五大类[③]。也有学者从阅读推广内容的角度，将阅读推广分为阅读文本推广、阅读工具推广、阅读方略推广、阅读理念推广和阅读文化推广五种类型；从阅读推广活动的角度，将阅读推广分为微推广、小推广、中推广、大推广、巨推广和宏推广六种类型[④]。此外，从阅读推广其他构成要素角度划分，高校图书馆阅读推广还应可以分为以下几种类型，即从活动主体角度出发，可分为图书馆主办类、协办类和联合主办类等；从活动客体角度出发，可分为学

① 于良芝，于斌斌．图书馆阅读推广——循证图书馆学（EBL）的典型领域［J］．国家图书馆学刊，2014（6）：9–15.

② 王波．阅读推广、图书馆阅读推广的定义——兼论如何认识和学习图书馆时尚阅读推广案例［J］．图书馆论坛，2015（10）：1–7.

③ 郭文玲．高校图书馆阅读推广策略分析与研究［J］．图书馆论坛，2012，32（6）：53–56.

④ 张怀涛．阅读推广的要素分析［J］．晋图学刊，2015（2）：1–7.

生类、教师类、师生类、社会大众类等；从活动对象角度出发，可分为推广图书馆类、推广资源类、推广服务类等；从活动功能角度出发，可分为休闲娱乐类、社会服务类和专业学术类等；从活动目标角度出发，可分为阅读能力提升类、阅读兴趣培养类和阅读方向引导类等；从活动地点角度出发，可分为馆内类和馆外类，其中馆外类又可分为校内类和校外类；从活动周期角度出发，可分为定期类和不定期类等。不同类型的阅读推广活动，有着不同的目标和效果，可以满足不同读者的个性化阅读需求，高校图书馆应该根据不同读者的阅读需求，采取不同策略，开展不同类型的阅读推广活动。

第二节　高校图书馆阅读推广的问题

高校图书馆是高等学校发展的产物和重要的教辅部门，同时也是社会体制的变革和科学文化事业发展的公共产品。作为学校的文献信息资源中心，也是区域内的社会文化知识中心，高校图书馆不仅需要为学校师生提供服务，也应该充分利用自身和校园内丰富的资源优势为社会大众提供阅读和信息服务。多年来，高校图书馆的阅读推广工作水平有了大幅度的提升，服务活动取得了显著的成效，但总体工作水平和质量与国外发达国家相比，还有较大的距离。工作不足之处，原因来自多方面，比较突出的表现在以下几点。

一、机构人员不完备

加强组织机构和人力资源建设，是图书馆发挥阅读推广作用和效益的首要保障。目前国内高校图书馆独立设置阅读推广部门的不多，多数高校图书馆阅读推广工作仅靠非专设部门的临时人员开展阅读推广工作。另外，阅读推广工作组织团队人员构成相对单一，缺乏跨专业（如营销、艺术、计算机等类）推广人参与，更没有采取措施积极主动地吸纳读者、院系和区域内其他高校图书馆、公共图书馆、书店等相关部门的加入。

二、规章制度不健全

虽然部分高校图书馆坚持每年单独制定阅读推广工作计划，也编制专项活动经费预案，但缺乏总体的长期规划和相应的规章制度，无法保障阅读推广持续、快速、健康的发展。例如活动方案制定没有调研论证机制，仅凭个人经验和喜好；活动开展没有监督机制，无法保障活动公平、公正、公开的原则；活动没有成绩认证体系，活动结果和参与者的成绩得不到宣传与肯定；活动没有经费使用具体细则，经费使用不够科学合理；活动没有评价体系，仅凭活动参与人数、参与领导规格衡量，无法进一步提高活动质量。

三、资源保障不到位

高校图书馆读者阅读需求，既分散又集中。大学生读者阅读需求分散是指不同年级、不同专业、不同个体之间的阅读能力不同，阅读兴趣爱好也不同，阅读需求个性化特征比较显著；阅读需求集中是指大学生在考试复习、考证准备、毕业求职等活动前期，往往对某些特色类目的资源需求量较大，时间也很集中。教师读者阅读需求分散是指不同学科专业、不同年龄层次、不同个体之间的阅读能力不同，阅读兴趣爱好也不同，在承担教学任务期间内阅读需求区别较大；阅读需求集中是指，每当假期来临之际或在假期内，他们一般比较集中的从事教科研活动，对教科研文献资料的需求量比较大。校外读者的阅读需求个性化更为明显，同时与校内读者相比，他们的信息素养普遍较低，需要高校图书馆有针对地开展相关培训，以提升他们的资源获取能力。校内外读者阅读需求特性，加上读者资源需求无限大和馆藏资源有限性的矛盾，使拥有丰富资源的高校图书馆，在某一特定周期和时间节点上，往往也处于馆藏资源不足的状态。同时由于图书招标和采购制度不合理等原因，图书馆资源满足读者需求的能力不高，大量的资源长期处于闲置状态，而需求量大的资源却又得不到及时有效地补充。

四、工作理念不合理

阅读推广目标是活动的方向，主题是活动的灵魂，内容则是活动的躯干，目标需依托主题活动内容来实现，三者相辅相成，缺一不可。所以高校图书馆阅读推广活动的工作重心应该在于读者及其阅读需求，部分高校领导或图书馆领导及工作人员还没有彻底转变工作理念，而是将阅读推广视为政治任务或形象工程，导致活动偏离了工作目标。具体表现在以下四个方面：第一，活动主题不够明确，主题过去宏大、生硬，缺乏针对性，讲究点多面宽，内容与主题脱节，形散神也散，无法满足读者的实际阅读需求。第二，活动缺少特色，过度强调活动的连续性和过分依赖其他组织推广案例的引导示范作用，活动缺乏创新，品牌意识不足，不能调动读者的参与热情。第三，活动同质化现象严重，图书馆可能迫于资源紧张和能力不足等压力，活动内容和项目虽然逐年增加，但技术含量和学术水平不高，长期随意开展同质化、低水平、组织难度低的活动，有“形象工程”“走场作秀”之嫌。第四，活动宣传效果不理想，活动宣传途径虽多种多样，如海报、横幅、展板、图书馆网站等，但总体上缺少技术含量，没能充分利用读者喜好的微博、微信等新媒体，也没能直接深入至读者的日常生活和工作过程。

五、活动支持度不足

高校图书馆开展阅读推广活动，面向的是校内外数量众多的不同类型的读者。仅靠图书馆有限的力量和资源“唱独角戏”肯定无法取得预期的效果，行之有效的工作局面应该是由图书馆指挥的一场“交响乐”。但现实中，活动经常得不到应有的支持、帮助，甚至得不到关注和理解。一方面，内部支持不足。由于活动在馆内事先未能广泛宣传和积极动员，导致馆员思想不统一，行动不协调，团队协作不足。另一方面。外部支持不足。学院领导及其他部门负责人除了参加活动的开闭幕式外，基本不了解活动的具体内容，也不会主动给予活动必要的支持。除此之外，有的部门担心影响自己的工作，不理解、不支持图书馆开展的阅读推广活动。

第三节　高校图书馆阅读推广的发展建议

阅读推广作为图书馆现阶段最具活力和人文关怀的服务，对于读者阅读现状和阅读推广工作中的问题，需要高校图书馆在阅读推广中进一步加强理论自觉和管理自觉。高校图书馆要建立工作长效机制，要大胆借鉴盈利组织的营销等理念结合先进的科学技术，采取多样措施，吸纳各方资源，转型升级阅读推广工作。

一、健全组织机构

（一）搭建校内三级管理机构

建立健全三级管理机制，即学校层、图书馆层、院系与学生层。首先，成立学校阅读推广委员会，从宏观角度组织活动管理，着重加强活动第三方监督机构建设和成绩认证、效果评价、经费管理机制。其次，图书馆成立专门的阅读推广组织机构，并充分吸纳其他专业学科馆员，加强团队建设，制定活动实施方案或指导院系和学生组织开展活动。最后，院系和学生社团分别成立阅读推广分会，协办和承办图书馆层制定的活动，也可以在图书馆层的指导下，自行组织活动。例如，山东师范大学学生社团在图书馆的指导下，以“读者带动读者，读者感染读者，读者指导读者”为理念，开展的“创新阅读推广——创意悦读”①。

（二）建立区域阅读推广联合组织

高校图书馆需要整合校内资源，联合公共图书馆、书店等机构和组织同开展服务范围更广的阅读推广活动。例如，2015 年 12 月，在铜陵职业技术学院校园内，成立了国内首个集高校图书馆、公共图书馆与新华书店为一体的“三合一”图书服务中心，并于当月面向全体市民和全校师生服务，升级了传统“新书通道”阅读推广模式，借鉴了内蒙古图书馆推出“彩云服务计划”，开展了以“你读书，

① 首届全国高校图书馆阅读推广案例大赛［EB/OL］.［2016-02-02］.http：//conference.lib.sjtu.edu.cn /rscp2015/download.html.

我买单”为主题的“现场买书、现场借阅”活动，以“还民于图书采购权”的模式，吸引读者走进图书馆利用图书馆资源。

二、完善规章制度

（一）合理规划阅读推广“十三五”

图书馆应以“十三五”规划为契机，将阅读推广提升至图书馆及校园文化发展的战略高度，加强顶层设计，建立长效机制。例如，美国范伍德市纪念图书馆（Fanwood Memorial Library）在2013–2018战略规划中明确提出“培养所有年龄、各种文化的人的阅读兴趣”的目标，并制订详尽的工作计划与措施[①]；广州市图书馆“十二五”期间就制定了《广州图书馆2011—2015年发展规划》，明确阅读推广目标、使命与策略[②]，成功地将阅读推广工作纳入图书馆事业整体规划中，提前迈出了阅读推广管理自觉的步伐。

（二）推行阅读推广个人负责制

提高活动参与积极性，不仅包括读者的积极性，还应包括馆员的积极性。图书馆应积极推行阅读推广人制度，健全相关工作职责和规章制度，明确绩效考核办法，将阅读推广与职称评定、职务晋升直接挂钩。一方面，可以促进工作的顺利开展；另一方面，可以提高馆员的工作积极性，预防职业倦怠。同时应积极尝试由某一馆员组织开展一项阅读推广活动。例如，美国沃斯堡公共图书馆（Fort Worth Library）在暑期阅读推广活动中就由一个馆员承担一个固定的活动，活动以馆员的名字命名，充分挖掘了馆员的聪明才智，取得了很好的效益，也有利于活动品牌的树立[③]。网络信息化时代，图书馆还可以通过网络论坛、贴吧、微信群

① Fanwood Memorial Library Strategic Plan 2013–2018 Summary［EB/OL］.［2015–07–01］.http：//www.fanwoodlibrary.org/FMLStrategicPlan.pdf.

② 广州图书馆2011–2015年发展规划［EB/OL］.［2012–03–15］.https：//wenku.baidu.com/view/c62b fc8402 d276a200292e18.html.

③ The 2012 summer reading challenge［EB/OL］.［2012–07–05］.http：//fort–worthtexas.gov/library/Summer Reading/.

等平台，鼓励读者组织开展小微主题的阅读推广活动，以便进一步提高活动的参与性、互动性和连续性。

（三）完善经费管理办法

经费一直是制约活动效果的重要因素之一，图书馆必须坚持以下原则，加强经费管理工作。一是依法原则。依据国家相关财务管理制度，建立科学合理的活动经费预决算及使用管理办法，并予以严格执行。同时，图书馆还应采取各种合法的措施积极扩展活动经费来源渠道，如争取政府、资源供应商、企业家赞助活动奖品等。二是节约原则。合理规划使用活动经费，将“好钢用在刀刃上”，要避免铺张浪费的开、闭幕式；利用新媒体手段开展线上宣传，减少传统横幅展板的使用；活动的精神奖励和物质奖励并举，适当增加物质奖励比重等。三是效益原则。总结往年的活动效果，科学调配活动项目间的经费比例，如效果好的征文、读书明星评比等活动，应该扩大活动参与范围和奖励额度；效果并不明显的专家讲座活动，则应该邀请广受欢迎的专家予以替代等。四是监督原则。活动开展过程中，要加强监督工作，保障活动的公平、公开、公正等原则；在经费的使用过程中，要加强民主监督和经费使用公开工作，同时图书馆还应该积极广泛地吸取馆员和读者对经费使用的意见和建议。

（四）构建成绩认证体系

具有检验大学生专业和综合素质的活动，图书馆应积极向学院申请并取得其他兄弟部门的支持，以加强活动成绩认证工作，调动读者活动关注度和参与积极性。

1. 活动成绩与课程学分挂钩

图书馆应尝试与教务处联合举办如征文、知识竞答等活动，对表现优异的学生予以课程学分奖励，或以开设信息素养公共课为模式，全面推进各类经典文献阅读。例如，韩国江源大学为提高大学生的阅读能力和综合素质，专门成立委员会，制定《读书认证制度》，要求大学生在毕业前必须完成读书认证、计算机认证和外语认证三者中的任意两个[①]。

2. 活动成绩与学生发展挂钩

图书馆应加强与学生处合作，制定有关学生管理办法，在各类评优、评先工作过程中适当倾斜支持参加义务协管员、送书下乡等公益性活动或组织阅读推广活动的学生。另外，盖印学校公章的活动认证对大学生的就业也有帮助。

3. 加强成果的宣传工作

图书馆应加强与宣传部合作，通过学报、网站、电台等途径开辟专栏对活动开展全方位、立体化的宣传报道，有条件的图书馆还可以尝试出版发行内部专刊宣传阅读推广。同时，对成绩突出的个人或事迹还应力争在更高级别的媒体上予以宣传报道。另外，在《致家长的一封信》中予以表扬，对于学生来说可能更为珍贵。

（五）完善工作评价机制

2002 年，国际图联和联合国教科文组织共同编写的《公共图书馆服务发展指南》指出:“图书馆应当定期评估其推广和宣传工作，并确保评估的结果能够成为未来项目规划的参考依据。”[②]相对于公共图书馆，高校图书馆阅读推广工作起步较晚，规模较小，总体水平也较低。就目前来看，高校图书馆阅读推广普遍存在工作水平参差不齐和工作机制不够完善两大问题，导致服务活动质量、效益较低。需要通过评估进行总结，以便转型升级提质。评价过程中要避免将大学生的自身原因归结为阅读推广主要问题或认为图书馆工作的不足是大学阅读问题中的次要原因，而是要基于图书馆和读者两个角度用实证方法来评估阅读推广工作。目前较为流行的阅读推广评价方法有图书馆服务质量评估体系（LibQUAL+TM），在具体开展评价时应坚持以下原则：一是客观性原则，即评价要客观公正，结果要科学有效；二是完备性原则，即评价指标要能覆盖活动各个方面，做到全面、细致；三是定性与定量相结合原则，即评价要在分析大量原始数据的基础上，归

① 程文艳，张军亮，郑洪兰，等 . 国外高校图书馆推广阅读文化的实例及启示［J］. 图书馆建设，2012（5）：47–50.

② 胥迅，姚敏 . 公共图书馆阅读推广活动评估初探［J］. 大学图书情报学刊，2013，31（1）：45–47.

纳活动相关本质属性；四是可操作性原则，评价体系及指标要简明扼要、易于操作、短小精干[①]。

（六）完善其他管理制度

有位读者曾提出，图书馆的管理好坏决定读者读书的兴趣[②]。所以在阅读推广过程中，图书馆还应不断健全、完善各项基本管理制度，不断加强对馆员、协管员与读者的管理与指导，为阅读提供良好的制度和文化环境。

三、优化阅读推广策略

（一）明确活动主题

活动主题是活动目标的表现形式，也是活动内容的外部形态，在确定主题过程中应坚持以下原则。一是创新与亲民结合原则。主题应有创意，要富有大学文化时代特征，同时也要接地气贴切读者需求，使主题具有“亲和度”。例如，吉林大学图书馆创建的“白桦书声”校园朗读分享平台，将阅读推广与学生自我展示、校园会议、青春回忆相结合，引发了广大读者的共鸣[③]。二是“舍大求小”原则。活动主题要密切联系目标与内容，要有针对性，短小精悍，不必过分注重活动范围，如书法展明确针对有特殊才华的学生，可能会更容易引起相关读者群体的重视度和认可度。三是逆向思维原则。最简单的创新就是反向思考，如创新传统的“好书推荐”阅读推广，将图书馆给读者推荐转变为读者给图书馆推荐，还可以继续延伸让读者给父母推荐图书；更有甚者，如深圳职业技术学院图书馆将从未被借阅过的书挑选出来，以“谁都没有借过的书”为主题搞展览，激发读者的挑战欲望[④]。

---

① 李臻，罗瑜．公共图书馆阅读推广活动评价体系的构建［J］．农业图书情报学刊，2014（5）：90–93.

② 岳修志．基于问卷调查的高校阅读推广活动评价［J］．大学图书馆学报，2012（5）：101–105.

③ 首届全国高校图书馆阅读推广案例大赛［EB/OL］．［2016–02–02］.http：//conference.lib.sjtu.edu.cn/rscp2015/download.html.

④ 王波．阅读推广、图书馆阅读推广的定义——兼论如何认识和学习图书馆时尚阅读推广案例［J］．图书馆论坛，2015（10）：1–7.

（二）合理确定活动内容

目前大多图书馆设定的阅读推广内容，还没有深入到对读者心理和读者收获的研究，也没有对活动自身运动规律进行研究，造成活动同质化现象严重。图书馆在制定方案过程中，应坚持以下原则。一是继承与创新相结合。活动效果好的要发扬光大，同时在形式上也应不断创新，保持活动的连续性并形成品牌效益；活动效果不明显的应予以总结反思，通过改变内容和形式，提高活动效益。例如“知识竞答”可以尝试电视娱乐节目“一站到底”的模式开展；“说书”比赛可尝试改为“说课”比赛，让同学们切身感受教师的辛苦和夙愿。二是深阅读与浅阅读相结合。新时期大学生阅读需求和层次迥异，阅读推广不能再拘泥于传统阅读和深阅读，应将新媒体阅读和浅阅读作为其延伸和补充，为读者提供特色服务，满足他们的个性化需求。三是读书与读图、读媒相结合。图像经典也是经典，读图也是一种享受，人在享受图片中增加智慧是一种高级智慧，同时“流媒体”的出现进一步实现了资源的全球共享，图书馆在阅读推广过程中也应注重培养学生读媒的技能。四是专业性和趣味性相结合。当活动内容具有很强的专业性时，就需要在形式上活泼些，例如开展以游戏闯关模式的专业知识竞答；设计易于识别的活动标志为活动形象代言；以养生、保健、自然科学充实传统专家讲座等。

四、开展个性化阅读推广

阅读推广的出发点和目的地均是读者阅读需求，只有深入了解读者的个性化阅读需求，才能使活动的组织有的放矢，从而达到事半功倍的效果。图书馆应该结合分级阅读理念，运用大数据、新媒体等技术，积极开展个性化阅读推广，满足读者多样化阅读需求。

（一）大数据与个性化阅读推广

业内外诸多实践证明，移动互联网与数据挖掘技术的融合发展必将成为打开读者真实阅读世界的一把“钥匙”。图书馆阅读推广大数据主要包括图书馆业务数据、文献数据和用户数据三大类，其中文献数据、阅读推广数据和用户数据是读者阅读情报，是个性化阅读推广的方向。一方面，图书馆应该加强与图书管理软件开发商、数字资源供应商等校外机构合作，分析读者借阅、咨询、数据库利用和参与图书馆事业等大数据，掌握读者的阅读属性（包括阅读记录、兴趣、能力、需求、趋势等），开展个性阅读服务。例如，中山大学图书馆提取读者阅读属性，为每位读者量身定制精美的《借阅足迹卡》，记录其阅读记录和成果，受到了读者们的欢迎和分享[①]。另一方面，图书馆应加强与教务处、学生处、团委等校内机构合作，分析读者办证、学籍、学习考试、社会活动、网上冲浪和家庭等信息大数据，掌握读者的自然属性（包括年龄、性别、爱好、专业、特长等），开展基于分级阅读理论的阅读推广和网络关联文献推荐服务等个性阅读推广。大数据不仅能掌握读者个性化阅读需求，还具有牢固阅读推广主体之间的关系和提升阅读推广效果评价说服力等功能，但正如李克强总理签批的国务院印发《促进大数据发展行动纲要》中明确提出："要强化安全保障，提高管理水平，促进健康发展"。图书馆在使用读者大数据的过程中，要特别注重对读者隐私的保密工作，维护读者对图书馆最起码的信任，保证图书馆事业获得读者尊重和支持。

（二）新媒体与个性化阅读推广

新媒体阅读推广已不再是简单的阅读内容推广，读者的阅读需求具有社会性，他们渴望交流与互动，容易受到其他读者的影响。所以有人说："无社交，不阅读""无传播，不阅读"。新媒体（如博客、微博、微信、百度官方贴吧、论坛/BBS、个人门户类网站）不仅可以拓展推广渠道、丰富推广资源、扩大推广范围，还可以增强潜在线上群体的黏合度、提升推广速度、降低推广费用，实现个性化阅读推广。新媒体发展至今，大多平台之间已经实现了内嵌和交叉功能的重叠，图书馆可以结合实际需要，着重将一种或几种新媒体全面渗透至阅读推广过程中，同步组织线上与线下活动，使两者相辅相成共同发展，全面满足读者个性化阅读需求。同时还要善于利用新媒体的互动与转发功能，利用其强大的"生态圈"，注重活动品牌的建立。一方面，加强线上宣传活动。利用"微信订阅号"发起阅

① 首届全国高校图书馆阅读推广案例大赛［EB/OL］.［2016-02-02］.http：//conference.lib.sjtu.edu.cn/rscp2015/download.html.

读推广活动项目投票，让读者参与决定活动的内容与形式，满足读者实际阅读需求；利用图书馆官方微博、微信平台，以文字、PPT、视频等形式发布活动公告，即时报道活动进展，提高活动互动性和趣味性；利用“微信公众号”向读者推送活动消息，并通过自主报名系统方便读者参与活动。另一方面，组织线上推广活动。利用社交网站建立阅读推广公共主页，聘请师生读者为管理员、版主通过论坛/BBS开展阅读讨论，增强活动互动性；利用微博结合社交网站，寻找校内具有共同阅读属性的读者，开展线上阅读推广活动，并在活动专题页面中添加网上购书链接，实现资源采购“还权于民”，提高活动参与便利性；利用微博开展微书评、微话题等，以浅阅读引导深阅读，并引入积分体系激励读者参与活动。图书馆在组织线上活动的同时，还应该加强线下信息共享空间一站式服务，方便线上线下同步开展活动。

五、丰富宣传推广对象

图书馆在推广阅读过程中可以尝试导入企业识别系统（CIS），包括理念识别（MI）系统、行为识别（BI）系统和视觉识别（VI）系统①,全面宣传推广图书馆、资源与服务，提高图书馆影响力，提高读者对阅读推广的认可度与支持度。

（一）宣传推广图书馆

宣传推广图书馆，目的是提升图书馆的知晓度，提高图书馆的入馆率和使用率。具体的CIS导入方式如下：

1. 建立图书馆理念识别系统。一是阐明图书馆使命、宗旨、核心价值、服务理念、馆内文化等，使读者对图书馆形成正面的认识，提高对图书馆的认同感。二是喊出宣传口号，用最精练的语言提出标志性口号，表达图书馆的理念或核心价值，塑造良好的形象。三是公布规章制度，规范图书馆与读者之间的关系，建立和谐的阅读环境。四是宣传馆员，使馆员成为图书馆的明星片。例如美国纽约皇后区图书馆在公交车体上印制一张面带微笑的女图书馆员的照片，宣传馆员的

① 李超平. 公共图书馆宣传推广与阅读促进［M］. 北京：北京师范大学出版社，2013：47–48.

事迹，让读者深刻了解新时期图书馆员的精神面貌①。

2. 建立图书馆视觉识别系统。图书馆要想吸引读者，必须要改变传统的“阿姨看守书库”的形象，对图书馆进行全面的营销包装，例如，坚持“能用表格不用文字，能用图片不用表格”的原则包装静态引导性标识；巧妙设计图书馆Logo；规范馆员行为举止和着装；通过媒体、网站、视频加强对图书馆的宣传；改变密集型排架，采用书店式平放陈列，甚至突破传统图书分类法体系，采用超市“尿布加啤酒”模式组织揭示资源；合理设置馆舍空间，营造舒适阅读环境。

（二）宣传推广服务

宣传推广服务，目的是提高读者对服务项目的了解，促进读者对服务的体验和对资源的利用。在阅读推广过程中可将CIS的BI演绎为服务识别（SI），通过营销宣传策略，消除读者脑海中“长长的书架密密麻麻陈列着死气沉沉的图书”烙印，清晰告诉读者图书馆是一个生长着的有机体，传统的文献借阅服务只是图书馆行业性服务标识。作为“第三空间”的图书馆，还能提供个性化情报咨询、讲座展览、休闲娱乐等服务，满足他们多样化的文化需求。在推广服务的过程中，关键在于构建图书馆自身的BI，并采取各种措施予以宣传，最大程度上缩小图书馆与读者之间的距离，使图书馆成为人们最常驻的地方。在这方面，做得较好的成功案例有北京西城区图书馆的公益培训、杭州市图书馆的“第三公共空间”、铜陵学院图书馆的“铜文化”资源与服务等。

（三）宣传推广资源

宣传推广资源，目的在于提高读者对资源的熟悉度，促进资源的利用率。阅读推广过程中反映出文献保障不足等问题，部分原因是读者信息素养偏低和图书馆资源组织揭示程度不足所致。图书馆可以通过分类阅读推广客体，开展专项资源推广服务，方便读者利用资源，提高读者阅读热情。例如高校图书馆可以针对某学科专业学生，采取“非均衡”资源采购模式增加相关图书采购复本，并提供低价复印“护理执业资格考试”类图书服务；以方便利用为理念，突破杜威分类法，

① 李超平．公共图书馆宣传推广与阅读促进［M］．北京：北京师范大学出版社，2013：87.

将“专升本”类资源依据专业目录采用书店式平放陈列推荐。另外，图书馆还可以依据文献的构成要素即知识内容、信息符号、载体与记录方式，开展分类导航资源活动。但正如道格拉斯·威尔普斯（Douglas Waples）所说：“人们更喜欢读他们自己,即越是熟悉的东西才越觉得有趣。[①]”研究也表明读者选择阅读的内容不会受馆员有意识的控制，所以在资源宣传推广过程中图书馆还需要进一步转变死板教化的“经典阅读”理念,从思考“什么是好书”转变为“读者想读什么书”，有区别、分步骤地开展浅阅读与深阅读相结合、读书与读图、读物相结合、读纸质资源与读数字资源、读有声资源相结合的阅读推广活动，维护读者获取知识自由的权利。

① Waples D,Tyler R W.What people want to read about：a study of group interests and a survey of problems in adult reading［M］.Chicago：American library association and the University of Chicago Press,1931.

第六章　高校图书馆阅读推广内容

现阶段，高校图书馆阅读推广活动，主要采取的组织方式有：读书征文比赛、图书推介、讲座、图书捐赠、读书有奖知识竞赛、图书漂流、图书展览、经典视频展播、读书箴言征集、名著影视欣赏、馆徽设计征集、名著名篇朗诵、品茗书香思辨赛、评选优秀读者、读书会（读书俱乐部、读者协会）和（微）书评等活动等。通过调研发现，总体上讲座、书展、（微）书评、读书会和图书漂流五种活动是高校图书馆阅读推广的主要形式和未来发展趋势，所以本章节将对此五项活动逐项进行讨论。

第一节　高校图书馆讲座活动

一、讲座的定义

《比丘尼传·宝贤尼》："贤乃遣僧局賷命到讲座，鸣木宣令诸尼不得辄复重受戒。"《朱子语类》卷七九："[陆象山］于是日入道观，设讲座，说'皇极'，令邦人聚听之。"《桂岩书院铭》："桂岩种德，旧扁在此，讲座有铭，敢效遗轨。"[①] 所以，"讲

① 讲座［EB/OL］.［2014-11-03］.https：//baike.baidu.com/item/%E8%AE%B2%E5%BA%A7/3315151?fr=aladdin.

座”本意是高僧说法或儒师讲学的座位。如今常作为一种教学形式，多利用报告会、广播、电视或刊物连载的方式进行，如中国经典文化阅读讲座。“讲座”有传播知识、交流思想、传承文化之效。高校图书馆讲座是高校图书馆利用人员、场地、设施和技术等条件，出于一定的目的，通过组织、策划，邀请主讲人，面向读者进行的一项常规性活动。组织、举办各种讲座，是高校图书馆阅读推广工作的一项重要方式。高校图书馆拥有丰富的教学资源，通过举办讲座，开设“第二课堂”，可以很好地培养读者的阅读素养，提升读者的终身学习和继续教育的能力。

二、讲座的类型

根据讲座的功效划分，高校图书馆阅读推广讲座主要分两大类：一类是，用户培训课程。例如，新生入馆教育、文献信息检索教学、数据库使用培训、Internet 免费学术资源的检索与利用和阅读工具使用辅导等，这类讲座既体现高校图书馆教育读者职责，也是高校图书馆营造阅读氛围的有效手段。一类是，文化交流讲座。这类讲座是图书馆的主要服务内容之一，历史悠久，早在20 世纪 50、60 年代，沈雁冰、郭沫若、老舍、季羡林等文化名人就先后在图书馆举办讲座。这类讲座不同于一般的上课，对主讲人的文化素养和沟通能力要求很高，还要具有及时有效地应付读者提问的能力，因此主讲人一般是知名教授、社会名流等。如今高校图书馆在开展这类讲座中，邀请的主讲人不仅有专家学者，有时也有普通的读者，目的在于阅读技巧的分享和阅读体验的交流。另外，根据讲座的形式还可以分为以下三类：一是系列讲座，即在学期伊始或每月伊始就确定讲座内容、时间和地点，提前在图书馆网站上进行公布，供用户自由选择。二是不定期讲座，即图书馆不定期讲座的举办，讲座往往结合当前读者关注的热点问题、热门活动、新资源或新技术举办；三是预约讲座，即图书馆提供的以用户为导向的讲座方式，预约讲座将决定权由读者用户掌握，讲座内容和时间均由用户来定制，能够更为细化培训对象，深化培训内容；文化讲坛，即各种类型的文化交流讲座①。

① 朱育晓，杨武键．“985”高校图书馆讲座服务现状调查及策略思考［J］．图书馆学研究，2015（4）：82–86.

三、讲座的组织

（一）成立工作团队

相对于其他阅读推广活动而言，讲座的涉及内容广泛、形式多样，讲座的读者众多，会场的秩序与安全极为重要，另外还涉及前期主讲人的选择、讲座的宣传推广，期间的保障和视频拍摄、后期的资料整理、宣传与共享等工作。组织讲座活动，是一项大的系统工程，需要各方面人力、场地、设施设备等资源的密切配合，尤其是需要一个高效、分工明确的跨专业、跨部门的团队。团队具体组织成员，涉及的部门主要有图书馆、院办公室、宣传部、学生处、教务处、团委、系部、保卫处等，涉及的专业人员有图书馆员、主讲教师、各类读者、艺术策划、宣传人员、保卫人员、后勤人员等。

（二）重视选题内容

为了满足不同读者的阅读和文化需求，高校图书馆讲座的选题需要内容广泛，但又不能分散、凌乱。针对活动的不同目标和功能，选题需要科学的整体规划。主题内容选择应坚持以下几个原则：一是讲座内容要有宽度。内容要从中国优秀传统文化到国外经典艺术、从当下时政热点到世界政治和经济格局、从大学生心理健康到青少年道德修养和老年人保健养生等，力争做到每个读者有讲座，每个讲座有读者。二是讲座内容要有纵深。针对不同文化水平的读者听众，讲座内容既要有科学知识普及类，又要有专深科学研究类，力求做到内容各具特色，讲座循序渐进、深入浅出。三是讲座内容要有体系。针对不同类型的讲座，主题既要有相对独立性，又要具有一定的内在关联性。系列讲座中的每个分讲座主体要短小精干，要与其他分讲座紧密联系。独立讲座内容要清新简练，要包含大量有价值的信息。

（三）选择合适主讲人

主讲人是一场讲座的灵魂，优秀的主讲人不仅具有极其重要的宣传推广作用，也是一场精彩讲座的前提保障。讲座内容的多样化决定了主讲人的多样化，一般高校图书馆阅读推广讲座主讲人主要有图书馆员、数据库培训员、专家学者、社会名流、学生代表等。图书馆员和数据库培训员是讲座的常客，专家学者和社会名流是提升讲座学术水平和文化底蕴的关键。另外，部分高校图书馆还邀请具有代表性的学生作为主讲人，可以使讲座更贴切日常的学习和生活，可以拉进主讲人与读者之间的距离，例如很多高校图书馆以“告别母校”为讲座主题，由即将离校的毕业生为师弟师妹们传递大学生活和阅读经验。另外，武汉大学图书馆为了使读者更好地了解和使用图书馆资源，长期为读者提供“90 分钟专题系列讲座”，其中使用技巧篇讲座就是由熟练掌握图书馆资源使用技巧的学生代表担任主讲人[①]。

（四）讲座时间与地点的选择

高等院校的工作时间与其他组织机构有相似之处，也有其自身特点，除正常的工作日外，还有集中性的寒暑假期。面向校内不同的师生读者或校内外不同的读者，讲座在时间和地点的选择上要有灵活性，尽量满足不同的读者在时间和地点上的需求。在面向校内师生读者开展活动时，要考虑到大学生的课外时间和学校规定的教科研时间，要考虑到教师周末不便来校参加讲座活动的因素。所以，可以考虑将面向学生读者的讲座放在周末或工作日的晚间，将面向教师的讲座集中放在学校规定的教科研时间或者是节假日内。面向校外读者的讲座，应该尽量与校内教学工作时间错开，可以充分利用节假日时间，也可以考虑利用学校下班时间段。另外，为了便于社会读者聆听，可以考虑将讲座的地点转移至社会公共场所和居民社区内。

（五）讲座的宣传与推广

随着计算机网络技术的不断发展，高校图书馆在宣传讲座过程中，不仅要使用醒目的电视、报纸、横幅、海报等传统媒体和手段，还应该借助图书馆官方网

① 2017 下半年 90 分钟专题讲座［EB/OL］.［2017-12-19］.http：//www.lib.whu.edu.cn/web/ index.asp?obj_id=721.

站、微博微信、论坛、简易信息聚合（RSS）等网络新媒体平台和技术。为了解决读者与讲座时间和地点上的冲突，在讲座实施过程中，不仅要有合适的时间和场地，还可以通过新媒体进行网络直播与传递。例如 2016 年 10 月 29 日，四川省图书馆与网易直播合作，对《首席小提琴演奏家教你如何听懂古典音乐》讲座进行了直播，获得了很好的广告宣传效益，在短短半个月左右的时间内，直播视频共有 58000 余次的播放量，随后图书馆又做了 2 场讲座直播，收视量更是分别达到了 13 万人次和 17 万人次[①]。讲座结束后，图书馆还应该指派专人负责收集整理讲座视频等资料，做好后期宣传和进一步的推广和共享工作。

第二节　高校图书馆书展活动

一、书展的定义

书展，即图书展览会的简称，是图书馆一种传统的服务方式。近年来面对读者阅读习惯的转变，简单的书目推荐工作已经不具备足够的吸引力和影响力，而书展却具有展示馆藏资源、营造阅读氛围、提高借阅量等功效。所以近年来，高校图书馆习惯利用一些纪念日、节假日或特殊的时间节点，在图书馆内或校园内的显著位置设立专区周期性地开展书展活动，书展活动也已经成为图书馆阅读推广的一种重要手段。

二、书展的类型

按照展出图书的来源不同，可将书展分为三类：一是展出图书馆自身馆藏资源。这类书展通常称为主题书展，即在某一时期内，围绕某一主题，挑选相关书

① 四川省图书馆 3 场试水直播吸引 35 万人“图书馆 +”还能做什么［EB/OL］.［2016-11-18］. http：//www.sc.xinhuanet.com/content/2016-11/18/c_1119938433.htm.

籍集中展示，旨在吸引读者浏览和借阅，提高资源利用率，传递某种思想和价值观。如喜迎十九大主题图书展、纪念抗日战争周年图书展、伟人纪念日图书展、诺贝尔文学奖得主莫言图书展。二是展出非自身馆藏资源。这类书展主要是由高校图书馆联合出版社、新华书店、资源供应商等图书出版发行机构，由前者提供场地后者提供图书资源。这类书展往往还同时开展现场选书荐购或直接销售图书等活动，可以缩短图书采购流通周期，提高读者阅读率。三是不同图书馆联合展览馆藏资源。由于图书馆在组织书展过程中可能会出现资源短缺的现象，所以拥有共同目标、馆藏互补的某一区域内的两所以上的高校图书馆常以联合举办书展的形式开展活动。这类书展不仅可以扩大活动影响范围，提升活动实际效果，还可以进一步促进馆际互借等多种协作交流活动。

三、书展的主题

作为阅读推广活动形式之一，高校图书馆的书展区别于其他展览，除活动主办方是高校图书馆，书展的主题是其最大的特点。高校图书馆书展的主要对象是校内师生读者，所以要充分利用馆内资源，选择合适的书展主题内容，满足读者的阅读需求。书展的主题内容可以是学校某一领域的专家教授的荐书，也可以是馆员或师生读者精心挑选的优质的利用率高的图书，还可以富有创意的主题为内容。书展主题内容的选择既要注意避免一些生涩难懂的理工科类图书，又要结合学科和馆藏特色扩宽主题和深度；既要周期性的开展系列主题书展，又要保持相同主题书展时间上的间隔；既要举办以校内师生读者为对象的与学术科研结合紧密的如各种教材主题书展，也要举办面向不同层次、不同类型读者的通俗易懂、贴近生活的，如科普知识及法律常识主题书展。

四、书展的组织

（一）人员配置

书展工作，包括前期的策划宣传与资源场地的选择、期间的组织和后期的整理与总结，涉及人员主要有负责人（总策划人）、工作人员、宣传推广人员、安保人员等。主要负责人不仅要统筹全局，还要负责监督、协调、总结等工作，较大规模的书展还应该成立一个临时性的领导小组，成员应该包括图书馆员、学校相关部门、院系教师和社团学生等，成员之间要有明确的分工和团结合作的精神。工作人员是指参与布展、图书搬运、设备操作、撤展等具体工作的人员，可由图书馆员带领社团学生和师生志愿者负责。宣传推广人员则是指活动线上、线下信息发布者和宣传单、横幅、海报的设计者，可邀请有兴趣的具有专业特长的师生具体操作，由图书馆员来协调。

（二）展厅选址和布置

如今大多高校图书馆都有专门在展厅，小型的书展可在图书馆内开展。如果组织大型的书展，则需要在馆外搭建临时性的展厅。展厅选址对活动效果十分重要，需要选择人流量大的公共场所，但要注意避免影响学校正常教学秩序，也要注意安全保障工作。展厅的布置风格应该与书展主题相一致。同时，最好选择晴朗的天气，组织开放式的书展，以取得最佳的宣传效果和视觉效果。

（三）线上与线下相结合

通过海报、横幅、广播等发布信息告知读者展览的名称、主题、时间和地点，是高校图书馆书展活动传统的宣传途径，如今仍然有众多的受众群体，作用不可取代。在新媒体时代，利用新的宣传技术开展线上宣传的作用将越来越显著，例如耶鲁大学创办书展专门网站，当读者对相关的展览信息感兴趣时，可以选择下载 ics 文件，从而直接把具体的展览日程安排同步到 Outlook 日程表中，点击 E-mail 通知时，展览信息可以自动地被转发到指定的信箱，Facebook 和 Twitter 的快捷链接则能够把相关信息快速地通过读者的社交网络进行传播[①]。另外，受制于时间、空间的限制，导致读者参与不便，实体书展惠及的受众数量总是有限。为了更好地服务校内外广大的读者，高校图书馆举办线上书展已经成为线下书展的一种拓展和延伸。例如，美国达特茅斯学院图书馆对在线展览给出了简洁、明了

① 庄玫，张蓓，李洁芳．高校图书馆展览服务的“移动”时代［J］．图书情报工作，2014，58（5）：48-52.

的概括："之前以实体状态呈现的展览，现在通过数字手段加以保存并以自由获取的方式向公众开放。"①清华大学图书馆百年馆庆网站开设了"数字展厅"，华东师范大学图书馆网站上有"主题书展角"，北京师范大学图书馆网站常年举办系列微书展。

（四）书展的存档与总结

存档与总结，是高校图书馆书展活动中薄弱的环节。书展活动资料的存档不仅是一种总结方式，更是未来工作的回顾指导。例如香港科技大学图书馆于1991年开始有计划的大规模的开展书展活动，如今任何一位读者都可以在图书馆网站上查阅历年来的展览详情，且网页的设计也与展览保持着一致的风格。科学合理的归档和数字化工作，极大地方便了读者们的观展需求，也极大促进了读者利用图书馆的欲望。总结读者对书展活动的反馈与评价，发现书展主题是读者决定前来观展的首要原因。一方面，读者会选择观看自己感兴趣的主题书展，他们认为这样的书展对自己的生活、工作和学习比较有帮助。另一方面，读者会选择观看与高校图书馆资源馆藏特色相关的书展，他们认为这是高校图书馆的优势和特色书展，参观学习的价值较大。

第三节　高校图书馆微书评活动

1977年，我国年出版图书12886种②。2016年，出版图书达到499884种，其中书籍410438种，课本89001种，图片445种③。40年间，我国图书出版种类数量增长了几乎40倍。读者们经历了"找不到书读"到"书太多找不到"的尴尬境界，同时由于图书资源质量参差不齐，读者们还需要面对"知识泛滥，信息污

① 雷强.美国高校图书馆在线展览述评［J］.图书馆学研究，2013（17）：84–86.

② 肖启明.中国图书出版的现状及其发展［J］.中国图书评论，2003（4）：12–17.

③ 2016年全国新闻出版业基本情况［EB/OL］.［2017–11–04］.http：//www.chinaxwcb.com/2017–07/25/ content_358637.htm.

染”的困惑窘境。读者们亟须图书馆帮助其提高“阅读精准度”，解决其“图书选择困难症”，所以长期以来图书馆也确实在积极举办各种各样的图书评论和好书推荐活动。近年来随着新媒体的兴起和读者数字化阅读率的增长，微阅读已经成为大学生的主流阅读方式。微书评正以它“短小精悍”的特点深受大学生读者欢迎，已经成为高校图书馆阅读推广的重要形式之一。

一、微书评的定义

书评，“图书评论”的简称，即评论并介绍书籍的文章，是以“书”为对象，实事求是的、有见识的分析书籍的形式和内容，探求创作的思想性、学术性、知识性和艺术性，从而在作者、读者和出版商之间构建信息交流的渠道。书评之于读者，首先在于它的信息功能，即为读者选择图书提供参考，以便有针对性地去阅读，如当当、京东、亚马逊等图书销售网站都具有书评功能的系统；另外在于它的导读功能，即准确反映图书核心内容，帮助读者了解图书精要，为读者在阅读时提供价值判断的参考，如美国联机计算机图书馆中心（OCLC）的开放维基版联合目录和国内的豆瓣网书评等。很多作家都是兼职书评人，例如约翰·厄普代克（John Opdyke）、苏珊·桑格塔（Susan Lennon Sontag）、科尔姆·托宾（Kolm Tobin）等都在《纽约时报书评》或《纽约客》上发表大量高水平书评。19 世纪大文豪亨利·詹姆斯（Henry James）更是留下 4000 多页的评论性文章，几乎囊括了同时期所有重要作家的作品，而村上春树（Haruki Murakami）的杂文集《无比芜杂的心绪》，也可以说是半部书评集。微书评，则是内容在 140 字以内的微型书评，主要是以书为对象进行介绍或评论。

二、微书评的特征

规范优秀的微书评如：“wgd03521# *微书评* #《*活着*》如果你没有看过张艺谋拍的电影《活着》，就别看了，看原著吧，如果你看过电影《活着》，那就请你看一遍书吧，让你升华一下，文字带给你的真实和震撼，让你的想象超越时间、空间和影响，扩展到你的生活，意识，思维方式……福贵的形象和命运让你感受着历史的残酷。”所以，与传统书评相比，图书馆微书评除依旧具有书评的功能和作用外，还具备以下五个作用与特征：一是短小精悍。微书评相对于传统书评的优势是精短睿智神韵，寥寥几语即点睛之笔，信手挥就的是神韵。一语点石成金的精评，如鲁迅对《史记》的精短书评：“史家之绝唱，无韵之《离骚》”。二是参与性强。传统的书评对作者和读者的要求较高，加上通过传统的媒介进行传播，书评常常被贴上学者们的专利商标。普通大众不愿意写书评也不敢写，又由于书评学术理论水平较高也不愿意精心慢慢品味。微书评的学术性和写作门槛较低，内容形式也交简单，也方便传播，所以大众的参与积极性较高，作者和读者群体广泛。三是方便易操作。微书评并不需要作者通篇认真仔细地阅读某一本图书后方才能创作，它更注重作者瞬间的阅读心得和感受，由主观判断，不需要证据论证。很多情况下只是作者在阅读图书的某一章节，甚至是某一句话而突发的灵感。同时，由于通过微博等新媒体进行传播，读者可以随时随地地利用智能手机等工具进行阅读，便于作者与读者间的实时互动与交流。四是轻松的意境。微书评突破了传统书评在逻辑、字数和结构等方面的限制，形式更加短平快符合读者的碎片化阅读习惯。五是影响力大。无论是微书评的作者，还是微书评的读者，数量不仅庞大，而且影响范围深远。加上新媒体互动性强的特点，使微书评的评论对象图书的种类也很广泛也丰富。另外，当作者与读者交流沟通过程中，经常会发生读者反过来变成作者的场景，随着交流的深度和广度不断拓展，“长尾”图书会被慢慢挖掘并流行开来。

三、微书评的组织

（一）建立微书评数据库

建立科学合理而又内容丰富的微书评数据库，是高校图书馆开展微书评促进阅读的基础。首先，可以通过鼓励馆员、教师、学生读者撰写微书评；邀请专家学者撰写微书评；收集整理馆内现有、网络在线和其他图书馆的微书评；购置或协商取得作者和出版商的微书评使用权等途径，丰富图书馆微书评数据库。其次，按照一定规范分门别类整理微书评，并将其录入相关数据库，建立完善能有效满足各类读者需求的各具特色的微书评数据库。最后，开发用户检索、浏览、下载和上传系统，不仅使用户可自行获取相关书籍的微书评，还可以使用户上传共享自己的微书评。

（二）搭建微书评交流平台

在图书馆网站首页开设微书评博客，介绍每种书的出版信息，并附上微书评，实现与读者的互动。在图书馆网站开辟读者微书评交流中心，并融合多种媒体，利用微博、微信、个人图书馆 APP、图书馆信息平台等，将中心打造成移动阅读交流中心，鼓励读者参与微书评创作与交流，促进作者与读者之间、读者与馆员之间、读者与读者之间的交流与互动，促进阅读思想的碰撞与融合，提升读者的阅读鉴赏能力。链接微书评交流中心和微书评数据库，实现既能在网上查阅微书评，又能发表微书评的双向交流机制和读者与图书馆的互动机制。平台交流主题既要体现理想气质和批判精神，又要包括人物传记、推理小说、旅行美食等读者喜闻乐见的主题内容；既要尊重作者的学术观点，提倡百花齐放、百家争鸣，又要充分发挥微书评审美的功能，引导读者阅读积极向上的书刊，辩证地汲取书刊的内容。

（三）举办微书评大赛

2010 年 10 月 18 日——12 月 18 日，榕树下文学在路上暨“首届微书评大赛”成功举办。2011 年 8 月 4 日“书香羊城——微博书评大赛”活动开始启动，通过大洋网、网易、新浪、腾讯、139 说客等微博平台开设了专题页面，至 2011 年 10 月 14 日共获得超过 900 多万人次点击浏览量，收集到微书评作品超过 12 万余件。通过大赛，创作了一大批优秀的微书评，成为读者们的淘书指南。高校图书馆可以借鉴上述成功活动案例经验，根据馆藏定期举办微书评大赛，激发读者读书、评书的热情，重在参与互动的过程，从而推动阅读。高校图书馆还可以通过图书馆网站开发专门书评系统，搭建微书评创作积分激励体制，鼓励读者对图书评论，引导读者“以书交友”，分享阅读心得和乐趣，营造阅读氛围，例如重庆大学图书馆的“书评中心”系统。

（四）建立微书评服务共享机制

建立微书评服务的共享机制，是改善高校图书馆微书评工作的重要手段，也有利于提高图书馆微书评工作总体水平。通过加强高校图书馆间的交流与合作，可以实现微书评资源的优势互补、互通有无、分工协作。另外，高校图书馆还可以通过加强与出版社、书店、行业协会和相关网站之间的合作交流，逐步打造一个互惠互利的微书评有机整体，增加图书馆微书评的虚拟馆藏，使高校读者自由阅读各类微书评资源，有效满足各类读者对微书评的需求。

第四节　高校图书馆读书会活动

一、读书会的定义

《礼记·学记》曰："独学而无友，则孤陋而寡闻。"所以阅读既是个人的独立行为，同样也需要与人互动交流，才能更进一步，而读书会就是读者互通交流的平台和有效途径。卡兰德（Carlander）曾以瑞典的读书会为例，指出读书会是一种特殊形式的小团体研读，参与者通过互相讨论彼此帮助，目的是理解和相互启发；虽然有阅读计划和研读素材，但并没有固定的知识或材料，也没有达成的特定目标，自愿参与，聚会时间和地点以参与者方便为原则[①]。近年来，读书会以其简单自由、平等互助、形式多样、渗透力强等特点，已经成为推进全民阅读的主要模式，例如，在瑞典全国各地几乎每个乡村都有学习圈，学习圈已成为瑞典人的一种生活方式；在美国，据统计如今约有四分之一的图书馆读者参与了他们各自所属的读书会[②]。在中国自古就有以文会友的美好传统，如今组织、引导、支持读书会活动也已经成为高校图书馆阅读推广重要手段之一。

① 邱天助．什么是读书会［EB/OL］．［2015-05-10］.http：//www.douban. com/group/topic/37426571/.

② 美国公共图书馆读书会研究及启示［EB/OL］．［2017-11-11］.http：//www.docin.com/p-897684021.html.

二、读书会的模式与类型

随着社会阅读风气的兴起，如今读书会有了进一步的发展，读书会的运作模式和工作类型也是多种多样各具特色。在世界范围内，读书会主要有以下九种类型：单主题读书会、多主题读书会、互流通读书会、图书漂流读书会、图书馆读书会、在线网络读书会、作者读书会、广播读书会和书店读书会[①]。按承办方划分，主要有公共图书馆组建的读书会、高校图书馆组建的读书会、民间自发组建的读书会，同时还可以按活动目标、需要、主题、年龄、性别、区域、是否收费等角度进行分类。总体来说，高校内的读书会模式相对较为单一，类型也较少。据统计，中国大陆及港台地区大学校园内的读书会主要有学生自发组建、学校图书馆牵头组建和学校教学管理部门牵头组建三种类型，也有少数校外读书爱好者利用高校图书馆资源和平台组织的读书会，例如新乡学院图书馆晨光读书会就是依托新乡学院图书馆，由新乡市内一批高层次阅读爱好者组成的书友会[②]。

目前，大陆地区高校图书馆读书会主要有两类模式：一类是图书馆发起成立并自行运作的读书会，例如重庆大学图书馆 2011 年成创立的“书香重大”读书会，华中师范大学图书馆 2011 年创办的“风雅读书会”，天津财经大学图书馆 2012 年发起成立“思扬读书会”等。另一类是学生自发成立和自主管理的读书会社团，在章程中明确图书馆作为指导单位或主管单位，例如合肥工业大学“春风读书会”、华东政法大学读书会等。高校图书馆读书会活动的组织者主要涉及三种情况：一是高校图书馆成立的读书会组织，并由该组织举办读书会活动；二是高校图书馆通过指导类似于读者协会等学生社团举办的读书会活动；三是高校图书馆工作人员自发组织的读书会活动。相对于国外和港台地区，目前国内大多高校图书馆还是以自己独立组建读书会的模式来开展阅读推广活动的情况居多。

① 黄辉，凌征强．全民阅读视角下我国高校读书会发展策略研究［J］. 高校图书馆工作，2016（6）：90–93.

② 晨光读书会［EB/OL］.［2017–11–05］. http：//lib.xxu.edu.cn/zt/cgdss.htm.

三、读书会的作用与意义

（一）有利于阅读推广实施与普及

组织读书会活动不仅是图书馆的阅读推广活动之一，而且读书会组织还是服务图书馆阅读推广活动的有力助手。读书会活动质量的高低不仅对读书会的生存发展有着直接的影响，而且还影响着其他形式的阅读推广活动效益。所以切实有效的组织读书会并开展读书会活动，既有利于对高校图书馆阅读推广工作，也可以弥补图书馆组织的相对短暂或周期长的阅读推广活动的不足，使读书会成为图书馆阅读推广工作的“常设机构”和阅读推广工作的“常设活动”。

（二）有利于拓展读者阅读的深度和广度

读书会的性质决定了会员在活动中能有效开展深入的、互动的、积极的、平等的交流，这种交流有利于读者在快节奏的学习生活中精心品味积极健康的读物，有利于读者不断培养阅读兴趣，不断拓展阅读涉及面，从而摒弃过多的碎片化阅读、浅阅读和功利阅读。

（三）有利于提升图书馆及资源的利用率

图书馆在拥有充足资源、专业场地、优越环境和阅读氛围的情况下，是大多读书会活动的最佳场所；周期性的大规模读书会活动，也有利于提高图书馆的资源利用率。例如读书会活动需要必备的、拓展的、延伸的图书及相关文献资源，这些资源会随着读书会活动，不断进入会员读者的视野，甚至一些长期未被利用的资源也会随着读书会的活动被不断挖掘和利用。

（四）有利于图书馆整体服务水平的提升

读书会开展的活动，除了阅读分享交流等沙龙性质的活动，还经常以读书会为依托，以读书会常规活动为基础，延伸开展书评、讲座、影视欣赏、朗诵、征文、书目推荐等活动，这些活动无疑会进一步促进图书借阅、资源建设、参考咨询、信息素养培训等图书馆其他业务工作的开展，从而进一步促进图书馆整体工作水平的提升。

（五）有利于提升会员综合素质

读书会的常规读书分享和交流活动流程一般包括开场、分析、讨论和总结，在此过程中，不仅对主持人综合素质要求高，而且对普通会员的语言表达能力、思考分析能力、临场应变能力、人际沟通能力等综合素质也有较高的要求。所以经常组织、参加读书活动的会员读者，不仅其阅读素养和文化素质方面会有极大的提升，而且其综合素质也会有所增强。

（六）有利于提高教学质量

专业性强的读书会，其活动对会员读者的专业学术水平提升作用是显而易见的。即使是非专业类读书会，其活动也会有效促进读者的阅读和思考，对读者的学习观念、学习态度和学习效果有一定程度的推进，例如台湾地区高校推广读书会的初衷之一就是提升教学质量，实现“教学卓越”。

（七）有利于校园文化建设

读书会活动本身就是阅读群体性活动，读书会活动有利于促进学习群的形成、发展和壮大。大量积极健康的读书会汇聚在图书馆和校园内，将营造出浓郁的校园阅读氛围，而积极向上的校园阅读氛围则是校园文化建设的重要内容和基础条件。

四、读书会的组织

（一）明确定位，提高会员自读率

自由、平等等特征，既是读书会组织吸引读者的优势，也是读书会组织稳定性不足的劣势。高校图书馆需要通过规范读书会组织规章制度，明确组织目标、组织方式、活动宗旨，才能有效缓解这一问题。其中以明确组织目标最为关键，图书馆要准确定位读书会及其活动的宗旨，在会员加入组织之初对其进行必要的入会教育，既要强调组织的自由性和平等性，也要强调组织活动的参与性和互动性等特点。在组织活动过程中，为了提高全体会员的自读率，要避免长期开展单一的阅读分享、专家讲座等阅读传授性活动，避免活动失去阅读交流与促进的功能。

（二）加强管理，提高读书会影响力

相对小众和分散，也是读书会组织的特点之一，但容易造成组织持续性弱，组织的活动频次低覆盖范围小等问题。高校图书馆应该通过独立创办和积极引导两种途径，增加校园内读书会组织和成员的数量，使读书会组织既小又多，既专又散，使每个读书会都有其自身特色和内涵。通过大量短小精悍的读书会，开展连续不断的形式多样的读书活动，提高读书会组织的影响力和阅读推广活动的认知度、参与度和支持度。另外，相对于其他传统的阅读推广活动，目前图书馆组织读书会活动还是比较前卫新鲜，读者们对图书馆组织支持的读书会相对了解不足，对读书会活动的形式和内容认识的也不够真切。需要高校图书馆通过传统的宣传手段和方式结合读者们喜欢的新媒体，以营销等企业管理理念，加强对读书会及其活动的宣传和推广。

（三）持续扶持，引导交流与合作

总结国外和港台地区读书会的工作经验发现，读书会活动的有效开展，需要一定的资金、资源、场地和设施设备等基础条件。台湾地区高校读书会发展势头迅猛，活动影响深远，探究原因发现既有台湾地区教育主管部门出台的“奖励大学教学卓越计划”的支持，也有各高校和图书馆制定的读书会推广要点、实施办法或细则等完善的政策引导，使读书会活动不仅具有合理的顶层设计，而且拥有进一步发展的资源支持。另外，读书会组织的成长和发展需要高校图书馆持续大力的引导和支持，但更需要图书馆以外的高校其他行政部门的帮助和关心。需要图书馆为其搭建合作交流平台，以便与校内外其他的读书组织、相关行业协会、文化传媒机构、图书发行机构等的合作，才能获得更多的支持和汲取更多的工作经验，才能使读书会组织和活动更加茁壮成长。

第五节　高校图书馆图书漂流活动

一、图书漂流简介

（一）图书漂流的起源

图书漂流，是一段文明美丽的奇妙旅程，它起源于20世纪六七十年代的欧洲，读书人将自己读完又不再阅读的图书贴上标签（一般为黄色）随意放在公共场所，如公园的长凳上，遇到这本书的人可取走阅读，读完后（可能会附上阅读故事、心得等信息）再将其放回公共场所，再将其漂出手，让下一位爱书人阅读，继续一段漂流书香。没有借书证，不需付押金，也没有借阅期限。这种好书共享方式，让“知识因传播而美丽”。如今越来越多富有想象力的书友在投漂图书时，在投漂说明中设定了自己的漂流规则，使图书的漂流过程变得更加丰富多彩，图书漂流的方式已不再局限于投放户外一种，例如，有一位书友在过生日时朋友送了他一本书，阅读之后，他产生了一个想法，就是让这本书在每个恰逢要过生日的书友中传阅。这本书不再直接投放到公共场所，而是通过传递的方式在恰当的时间传递到恰逢要过生日的书友手中[①]。

（二）图书漂流的发展

随着互联网的普及，图书漂流活动变得更有效率、更普及。2001年，美国人罗恩·霍恩贝克（Ron Hornbaker）受一个叫PhotoTag.org网站的启发，为了让那些尘封的图书再次进入社会，成为世界各地热爱读书人的共享资源，从而将漂流的图书变成永久性的流动图书馆。在其妻子和两位志同道合的朋友协助下，成功创设了“图书漂流网站”（http：//www.bookcrossing.com），网站的标志就是一本奔跑的书，理念是“爱它，就释放它”，非常朴素隽永。网站自问世以来，深

① 介绍－图书漂流［EB/OL］.［2011-02-11］.https：//www.douban.com/group/topic/17520418/.

受世界各地热爱读书人的欢迎，如今网站注册会员已经遍及世界各地①。图书漂流的“分享、信任、传播”宗旨与“每个人都有阅读的权利，社会有责任保证每个人都有机会享有阅读的利益”、“让世界上每一个角落的每一个人都能读到书”等图书馆精神和核心价值观完全吻合，使其在国际图书馆界、出版界、教育界等领域深受推崇。我国图书漂流活动始于2004年初，春风文艺出版社在国内组织策划的全国首个图书漂流大型公益性活动，2004年3月，深圳有位记者个人第一次尝试了图书漂流活动，2004年5月，在南开大学校园内发生了第一个由大学生实施的图书漂流案例，2006年5月，吉林大学图书馆率先在高校图书馆组织开展图书漂流活动②。如今全国各地图书馆、出版社、新华书店、社区、个人等纷纷开始组织图书漂流活动，其中拥有丰富资源和独特优势的高校图书馆更是积极将图书漂流活动作为阅读推广工作的重要形式之一。

二、图书漂流注意事项

图书漂流来自国外，作为“舶来品”，在高等校园内才刚刚兴起不久，高校图书馆首先应该厘清以下三个问题，才能有效开展活动，实现活动目标。

（一）图书漂流的性质问题

图书馆开展的图书漂流活动，既不同于传统的借阅工作，也不是好书推荐活动。它是一种具有独特宗旨、目标和方式的阅读推广活动，具有“乌托邦”式的既新鲜又神秘的阅读体检交流。图书馆应该摒弃传统的读者服务理念的影响，在具体的活动过程中要注意以下三个环节。一是在漂流物的选择上，既要善于选择读者喜欢的、流动性强的、积极向上的图书、期刊、光盘等资源，也要读者的漂流喜好，并注重发挥读者在漂流书选择过程中主体作用。二是在漂流形式的选择上，既要积极采用更自由、更时尚、更浪漫、更有趣的方式开展活动，也要确保活动和漂流物处于有效控制范围内，避免活动处于无组织、无秩序的状态。三是在漂流目标的定位上，既要保证活动推广阅读的效益和活动持漂率，也要注意对

① 郭鸿昌．全球“漂流图书馆”［J］．大学图书馆学报，2005，23（2）：24–27.

② 袁子英．图书馆人对“图书漂流”的思考［J］．河南图书馆学刊，2007（2）：14–15.

参与活动读者的文明诚信教育和活动回漂率。

（二）图书漂流的管理问题

国内外的实际经验现实，图书漂流活动的开展最令人担忧的就是"断漂"问题。如何有效地缓解这一问题，将是图书漂流活动健康成长的关键。问题具体涉及活动管理中的两个概念，即持漂率和回漂率。有调研发现，制定严格的活动规章制度并采取积极有效的管理措施会使图书显著提升回漂率，但很可能影响制约活动的持漂率和漂流路线长度。相对来说，图书漂流还是一个新鲜事物，当漂流物资源相对紧张的情况下，考虑回漂率在所难免，但过分强调回漂流，可能会导致活动的本质和宗旨发生变化，即使是在图书漂流比较盛行和繁荣的欧美国家，图书的持漂率也只有 20%~25%①，所以就目前社会阅读大环境下，在开展图书漂流活动过程中，高校图书馆应该采取适度的疏导和管理政策，尽可能提高持漂率和漂流路线长度。同时，图书馆应该积极拓展活动漂流图书资源来源渠道，提高活动资源的供给量，从侧面缓解回漂率低的问题，也要加强与相关部门的合作，增强读者共享意识和诚信教育，从正面缓解断漂的问题。

（三）图书漂流的范围问题

基于图书漂流活动的组织难度、资源紧张、有效管理等问题，目前高校图书馆开展的图书漂流活动，大多只是面向校内读者。从实际活动来看，即使回漂率达到 80% 以上的高校图书馆，其实际效果也并不算理想。究其原因，图书漂流的阅读推广效果和持漂率和漂流路线长度关系最密切。高校图书馆的社会化服务已经逐渐展开，活动图书也应该更多地漂向社会惠及大众，只有这样持漂率和漂率路线才能有更多提升的空间。同时，随着漂流范围和方向的拓展与延伸，活动的宣传效果、参与度和总体效益也将逐渐增强。另外，积极邀请社会读者加入图书漂流活动，不仅有利于全民阅读推广工作的进一步开展，而且有助于漂流图书来源渠道和数量的增长，校内读者与校外读者之间交流的广度和深度也会随即增强。

① 郭鸿昌．全球"漂流图书馆"［J］．大学图书馆学报，2005，23（2）：24–27.

三、图书漂流的组织

（一）转变工作理念

近年来，如何充分利用馆藏资源特别是纸质类资源，遏制资源使用率下降的趋势，已经成为高校图书馆亟待解决的重大问题。通过图书漂流这类新颖的阅读推广活动，可能是解决问题的突破口之一。图书馆首先要树立开展图书漂流的理念，同时要转变“重藏轻用”“爱不释手”的传统观念。为了扩大漂流书的数量和来源渠道，不仅要大力鼓励广大读者积极捐书，而且要积极将馆藏好书漂出去，同时还要在年度预算中，单独设置每年用于漂流的资源经费项目。在工作初期，思想观念的转变尤为重要，务必要避免对捐赠图书进行“精心”挑选以充实馆藏而将其余图书用于漂流的现象发生；同时也要避免将那些几乎全无利用价值的馆藏资源填充进漂流书架和站点。要力争做到将好书漂向读者，让书香沁人心脾，旨在发挥资源利用价值，促进读者阅读，促进读者共享阅读。

（二）转变角色定位

高校图书馆全权负责图书漂流各项工作和全部环节，不利于激发读者的聪明才智和活动创意，不利于活动的持续开展和活动宗旨的有效实现。高校图书馆要及时转变活动角色，具体负责活动的统筹工作，包括活动规则的制定、活动资源的筹集、资金政策的争取、校内外相关部门的合作等。活动的具体实施，应该坚持以读者为主导、图书馆协助的原则，以半自由状态为活动运行模式，让读者自己成为图书漂流的践行者。图书馆和读者双方应分工明确，团结协助，充分发挥各自在活动中的优势，提升活动效果。在活动开展之前，要在原有的读者协会等学生社团组织的基础上，成立新的图书漂流读者工作委员会之类的组织，专门负责开展图书漂流活动。只有充分调动读者的参与积极性，才能提高漂流书的质量和图书的持漂率。例如，2014 年 11 月，由华东理工大学图书馆开展图书漂流活动，就是由图书馆主办，由校学代会自管会承办，活动现场吸引了众多同学以及部分老师的参与，短短一个小时 400 多本图书就被“一抢而空”，活动中图书的漂流路线也很顺畅、长远①。

（三）加强活动宣传

任何推广阅读活动的组织和实施，都需要积极有效开展全程性的宣传工作。相对新鲜的图书漂流活动，更需要开展大量的宣传工作才能有效实施和进一步发展。宣传活动的内容，不仅包括活动的内容、规章和意义，还要包括对参与者的诚信教育。宣传活动的方式，不仅包括传统的宣传渠道，还要注重新媒体的应用和图书漂流网站、实体漂流站点的建立。宣传活动的对象，不仅要在校内广泛开展，还要有针对性的面向校外读者。宣传活动的时间，不仅要做前期宣传，还要做到过程性宣传和总结性宣传。宣传活动的模式，不仅要开展单一的宣传活动，还要结合评选图书漂流榜、读者发漂榜、阅读漂流图书心得体会交流等鼓励性立体化的宣传活动。正所谓细节决定成败，在加强活动宣传工作的基础上，还要注重活动经验的总结，不断提高活动细节处理水平。活动不仅要做到漂流图书可读性强，而且还要通过精心包装设计漂流图书的封面和标签内容，打造“明星”漂流图书。

（四）加强合作交流

图书漂流活动效果很大程度上取决于漂流图书的质量，图书漂流活动效果则反映于图书的持漂率。虽然几乎所有的社会组织和个人都认为在当今功利阅读、浅阅读盛行的浮躁的阅读环境下，图书漂流作为一股清流，对促进全民阅读、资源共享和社会公德都有积极的作用，但他们中的大多数目前仍处在观望状态，甚至持冷眼相对的态度。高校图书馆在开展活动过程中，要加强与外界的联系和合作，以便取得更多的关注和支持。首先，加强与出版发行机构的合作，以便获取更多有价值的图书资源用于漂流。其次，加强与学工部、宣传部、团委等校内其他部门的合作，以便提高活动宣传效果和读者的参与积极性。再次，加强与其他高校图书馆的联系，通过区域内高校图书馆之间合作组织实施图书漂流活动，以

① 华东理工大学图书馆举办图书漂流活动 400 多本图书就被“一抢而空”[EB/OL].[2014-11-07]. http://www.gk114.com/gbgx/70/422/20141107194231.html.

便提高图书的持漂率和漂流路线的长度。最后，加强与社会之间的合作，通过取得社会组织机构的支持与合作，以提高活动影响力和影响范围，建立校内图书漂向社会与社会图书漂进校园的双向机制。

第七章　高校图书馆与其他机构合作阅读推广

阅读推广主体即活动的发起者、组织者、实施者和管理者，不仅包括国际组织、各国（地区）政府、图书馆界、出版机构、教育机构、医疗机构、非盈利组织、大众媒体，还包括一切热衷于阅读分享的组织或个人。不同的主体在推广阅读中充当的角色和承担的任务不同，随着工作的不断深入和发展需要，主体发展的趋势呈现出多元化、角色层次化和合作化等特点。可以说，主体是阅读推广系统中的核心要素，是事业成功与否的关键。高校图书馆既是高等学校的重要组成部分，也是图书馆系统和公共文化服务体系中的重要组成部分，有责任和义务通过自身努力，或独立自主或联合其他主体开展阅读推广活动，促进校内外读者阅读，满足全体社会大众文化服务和阅读需求。

第一节　高校图书馆阅读推广的相关机构组织

独木难行舟，根据国内外阅读推广活动经验和工作发展趋势，高校图书馆要想转型升级阅读推广，不仅要充分发挥自身优势，还要积极联合其他相关主体，共同完成活动的选题、策划、组织、运行、管理等各个环节，以便实现活动目标和宗旨。例如，上海交通大学图书馆著名的“鲜悦”主题阅读推广案例就联合了多家单位和部门一同协作完成的，具体包括校内的各学生社团、各院系、宣传部、团委、心理咨询室和校外的兄弟院校、上海市文史研究馆、闵行区文化广播电视管理局、图书馆、文化传播公司、书商和书店等[①]。根据利益相关者理论，高校图书馆阅读推广相关主体，根据职能和特点大致可以分为校内 5 个和校外 7 个，共 12 个组织机构。

一、高校内相关机构

（一）学工部

高校学工部是学生工作部的简称，有时也称之为学生处，一般主要负责高校招生、就业、教育管理、资助、军训、国防教育、社区管理和心理健康教育工作的职能部门。学工部一般下设大学生自律委员会等学生组织来协助开展相关工作，具体工作包括：公寓管理、勤工助学、学风建设（学业促进）、心理帮扶、文艺宣传（文化宣传）等。学工处工作的主要职责和目标是学生的健康发展和顺利成才，开展的新生入学教育、学生道德素养教育、学生心理健康教育、学生精神文明建设、学生评价奖励工作、大学生就业创业和毕业生文明离校教育等工作均与高校图书馆阅读推广工作有着紧密的联系。学工部响应国家倡导的提升学生综合素质的政策，高校图书馆开展阅读推广活动促进学生读者阅读素养和综合素质的目标，两者相辅相成有着天然的一致性。另外，学工部不仅具有丰富的学生工作经验，而且拥有充足的学生资源和学生日常学习生活信息资源，是高校图书馆阅读推广工作强有力的支持者。例如，石家庄学院图书馆借鉴学工部大学生自律委员会管理模式，在学校学生管理组织等部门的支持下，建立起基于读者协会的“自管理自推广”的阅读推广模式，该模式推广活动更有针对性更能引起读者的兴趣，更能提升更广大读者的阅读热情[②]。高校图书馆如果能顺利有效地利用学工部资源，将会更加有效地开展阅读推广活动前期的调研、中期的组织、后期的评价等工作。

① 上海交通大学图书馆．鲜悦（Living Library）：以人为书，分享智慧［EB /OL］.［2015–11–16］. http://conference.lib.sjtu.edu.cn/rscp2015/files/06case.pdf.

② 石家庄学院图书馆．读书 · 读人 · 读己——基于读者协会的立体化阅读推广体系[EB/OL].[2016–06–16]. http://conference.lib.sjtu.edu.cn/resp2015/download.html.

（二）团委及学生社团

团委是中国共产主义青年团委员会的简称，是中国共青团的组织之一。高校团委的基本工作任务，包括发挥青年组织的作用，团结和带领全校青年学生积极学习中国特色社会主义理论体系和党的方针政策，努力拓展他们的综合素质，使他们成为有理想、有道德、有文化、有纪律的社会主义现代化建设的合格人才。高校团委日常开展的工作，包括团员的思想政治教育、组织开展科技、文化、艺体、社会实践与志愿服务等大学生素质拓展活动和负责组织指导学生会和学生社团等工作。可以看出，高校团委工作的中心任务是通过组织学生团体，开展各种活动，提升学生的综合素质，培养社会主义的接班人。高校团委的工作与高校图书馆阅读推广部分内容如读书会、主题讲座、社会化阅读推广等具体内容也也有着较多的交叉性，且双方工作的目标宗旨也有着高度的一致性。另外，团委培养的优秀学生及学生团体可以充当或组织志愿者参与高校图书馆阅读推广活动，他们既是阅读推广活动的受众客体，也是不可或缺的活动主体。例如，中国科技大学图书馆阅读推广活动——“英才书院”，就是完全由学生团体自主举办开展的阅读推广主题沙龙活动；又如，山东师范大学图书馆在学校团委的大力支持下，借助志愿者对阅读的兴趣，发挥他们的主力军作用，在图书馆的指导下，志愿者自发地组织活动，以读者带动读者、以读者感染读者、以读者指导读者，依托创意性的活动吸引身边的人加入到阅读推广中来，让越来越多的读者“走近图书馆”，实现“书香满校园”[①]。

（三）教务处

高校教务处，有的也称为教务部，是学校的教学管理机构。教务处主要职责是学科与专业建设、日常教学管理、教学资源建设、教学科研建设、实验实习实训管理、教育教学改革与研究等，主要工作任务和目标是支持教师教学活动，提升课堂教学水平，提高人才培养质量。高校图书馆是学校重要的教学辅助部门，双方之间一直存在着密切联系、精诚合作的关系，如教务处需要通过举办主题讲

① 首届全国高校图书馆服务创新案例大赛——案例汇报内容［EB/OL］.［2017-11-21］.http://conference.lib.sjtu.edu.cn/rscp2015/download.html.

座，建设数字教学资源和平台来提升教师的信息化教学能力和水平，而图书馆常常通过举办学术讲座、信息素养教育、读书会等活动协助教务处完成相关工作。另外，高校图书馆在教学资源建设、学科化服务、学生信息和文化素养教育和各类竞赛活动中与教务处之间也有着长期合作的关系和共同的目标，如清华大学图书馆的“学在清华·真人图书馆”活动作为学校的文化品牌，2013 年 9 月图书馆与学校教学管理部门合作，将其纳入清华大学《文化素质教育》课程，成为清华大学本科教育的有机组成部分[①]。同时，高校图书馆阅读推广也需要教务处通过组织校内外教师、联系出版发行机构和提供必要的场地设施等措施来协助活动的有效实施。

（四）宣传部

高校宣传部，是推进校园文明创建，营造校园文化氛围的主要实施者。高校图书馆可以利用自身充足的资源、空间协助宣传部组织开展文化讲堂讲座、文明事迹宣传、开展文明单位评选等工作，宣传部也可以发挥专业的宣传人员和丰富宣传资源与经验支持高校图书馆阅读推广的宣传报道和营销工作。随着校园文化建设的重要性越来越显著，随着高校图书馆阅读推广的宣传工作越来越重要，二者各自发挥独特优势合作开展校园阅读推广活动已是大势所趋，如上海交通大学图书馆联合宣传部等部门开展“鲜悦”主题阅读推广活动，河北大学图书馆联合宣传等部门开展阅读书香校园建设活动等，其中宣传部在策划、宣传和报道等环节中发挥了极具重要的作用。另外，高校图书馆阅读推广活动内容不断丰富，范围不断拓展，影响力不断提升，活动本身已然是宣传部的重点工作对象之一。正如有学者指出：“高校图书馆并不是与校园文化无所关联的单纯的学术机构，作为校园文献情报信息中心，是校园文化建设的重要阵地。图书馆本身既是校园文化的一部分，同时又以自己的文献资源、文化设施去支持和推进丰富多样的校园文化的建设和发展。图书馆要以阅读推广活动为契机，创建个性化校园阅读文化，打造校园文化品牌，形成持久的影响力，使健康向上的阅读文化犹如春雨一样，

① 清华大学图书馆．读有故事的人，阅会行走的书——“学在清华．真人图书馆”交流分享［EB/OL］．［2016-06-16］．http://conference.lib.sjtu.edu.cn/rscp2015/files/07case.pdf.

真正起到‘润物细无声’的效果。”[①]

（五）二级院系

二级院系，是指普通高等学校的二级教学单位，是负责师生教育和管理的具体实施部门。二级院系在日常教学管理过程中，需要教辅单位高校图书馆开展学术讲座、信息素养教育、学科化服务等阅读推广工作以协助其完成教学工作任务和目标。高校图书馆在开展阅读推广活动中，也需要二级院系发动组织教师资源和学生资源作为活动的学科馆员、志愿者、服务者、讲座主讲人等人力资源支持与补充，特别是高校图书馆开展社会化阅读推广活动，二级院系的师生资源更是活动必不可少的合作伙伴。另外，部分高校图书馆还在学校各二级院系内开设分馆，分馆的任务就是直接服务相关院系，图书馆总馆或分馆经常与二级院系联合组织开展阅读推广活动，双方分工明确，各尽其责，充分发挥各自的优势，有利于实现活动从校园读者末端直接开展，有利于满足师生读者日常化、个性化的阅读需求。

二、高校外相关组织

（一）其他图书馆

图书馆，是搜集、整理、收藏图书等各种载体文献资源，为读者提供阅览、参考的机构。公共图书馆、高校图书馆、专业图书馆、机关事业单位图书馆、民营图书馆和私人图书馆等各种类型的图书馆，都是保存人类文化遗产，开发信息资源，实施全民社会教育的重要场所，都有提供阅读推广服务，丰富大众文化生活和提升社会文明程度的责任和义务。在全民阅读推广事业中，其他类型的图书馆与高校图书馆有着统一的目标和宗旨，而且具有各自独特的资源和优势，例如公共图书馆具有丰富的阅读推广经验和大量的社会读者群体，专业图书馆拥有大量的专业性资源，机关事业单位图书馆掌握着准确的读者资源需求信息，民营图书馆和私人图书馆有着特殊的读者群体和灵活多变的、积极有效的阅读推广活动

① 朱小玲．校园文化品牌活动构建和阅读推广［J］．大学图书馆学报，2010，29（5）：31–37.

经验等。因此，高校图书馆在开展面向不同类型读者的阅读推广活动中，既要广泛联合其他类型的图书馆开展具有普遍意义活动，又要有针对性地选择不同类型的图书馆联合开展特色鲜明、针对性强的活动。

（二）政府部门

推进全民阅读构建书香社会是一项系统而又复杂的文化工程，所以对于此项事业，各级政府及相关主管部门一直以来都在大力提倡并付出了大量的行之有效的努力。各级文化部门、教育部门和广电新闻部门等机构除了为高校图书馆阅读推广工作提供必要的政策支持、资源援助和宣传报道外，还经常联合邀请图书馆界、企业行业协会、企事业单位和社区等一起开展区域性的影响深远的阅读推广活动，如近年来全国各省市举办的读书节系列活动。政府部门作为阅读推广主体的优势在于其广泛的影响力和巨大的号召力，同时因为其拥有雄厚的资源优势，可以组织实施声势浩大、受众范围大、影响力深远的阅读推广活动，但是由于其职能和职责，不可能长期开展活动。所以高校图书馆应该借助其活动平台，充分发挥自身组织活动的专业优势，积极协助其组织活动，并以活动为契机，进一步争取政府部门的支持，以便长期开展阅读推广活动。

（三）出版发行机构

出版发行机构，是指进行图书、图画、杂志，报纸和电子物品等有版权物品的出版和发行活动的组织和企业，主要包括出版社、期刊报纸杂志社、图书公司、书店等。作为我国全民阅读推广主体之一，他们的工作中心就是出版图书以及推广与图书紧密联系的阅读。为了促进图书的销售，他们热衷于开展阅读推广活动，热衷于与高校图书馆合作，开展书展、图书漂流和信息素养教育等活动，也乐于开展“你买书、我买单”等特色活动。拥有丰富的图书信息资源，是他们开展活动的重要优势，同时由于其组织的营利性，活动开展的形式也非常灵活和实用，活动效果显著和直接。高校图书馆拥有大量的热爱阅读的师生读者，需要大量的资源满足读者需求，与出版发行机构合作开展阅读推广活动，是一举两得的理想模式。在联合开展活动过程中，要紧跟高校图书馆阅读推广的活动宗旨，在坚持以促进阅读为原则的基础上，可以适当考虑图书的销售工作，但要坚决避免将阅读推广活动举办成图书销售活动，诱导学校或读者购置实际价值不高的资源或大量购置重复的资源。

（四）大众媒体

大众媒体，是在信息传播过程中处于职业传播者和大众之间的媒介体，不仅包括报纸、广播、电视等传统媒体，也包括随着互联网兴起的网络媒体、手机媒体、数字电视等新媒体。如今随着新媒体的兴起和发达，与以往相比大众媒体传播信息的速度将变得更快、范围将变得更广、影响力将变得更大。大众媒体以其专业的包装宣传技术和内容时尚形式多样的宣传方式，一直以来都是阅读推广的重要宣传者。随着高校图书馆阅读推广的活动范围不断向校外延伸，活动宣传工作的重视程度和难度不断提升，高校图书馆在开展活动过程中，需要借助大众媒体进行宣传造势，提高活动参与度扩大活动影响力。需要注意的是由于大众媒体缺乏必要的阅读推广专业知识，同时其信息传播具有的快捷、简单、方便等特点，使大众媒体在开展阅读推广过程中容易引导读者阅读偏向“浅阅读”和“快餐文化”。高校图书馆不仅要充分利用大众媒体特别是新媒体在阅读推广中的优势，而且要注重开展“深阅读”与“浅阅读”结合、读书与读媒结合、线上阅读和线下阅读结合等模式的阅读推广活动。

（五）中国图书馆学会

中国图书馆学会及其二级机构阅读推广委员会是我国整合动员图书馆系统内外力量，致力于阅读推广和研究的专业非营利性组织，通过加强阅读文化和阅读推广理念的研究，以不断创新推进全国图书馆和各界阅读活动为工作目标。阅读推广委员会下设秘书处和 15 个专业委员会，为促进高校图书馆开展大学生阅读推广工作，专设大学生阅读委员会。大学生阅读委员会先后挂靠郑州大学图书馆和武汉大学图书馆，旨在提高大学生阅读文献数量，提升大学生文化素养和信息素养，通过对大学生群体的阅读行为方式的持续、深入研究，制定有效提升大学生阅读兴趣的阅读推广计划，开展丰富多彩的阅读推广活动，引导大学生回归阅读，热爱阅读，享受阅读。中国图书馆学员及阅读推广委员会常年支持和指导全国各地高校图书馆开展阅读推广活动，并先后直接与多家高校图书馆联合开展了一系列阅读推广活动。委员会拥有先进的工作理念和研究成果以及丰富的工作经验，为高校图书馆阅读推广工作提供学习交流的平台，高校图书馆应该坚持落实委员会的各项规章制度和文件政策，积极参与委员会的各项活动。

（六）阅读推广联盟

阅读推广联盟，是阅读推广主体为了有效开展阅读推广，专门成立的研究、开展阅读推广活动的组织。根据组成成员的性质不同，一般分为同质异级性联盟，如国家图书馆、省级图书馆、市级图书馆、县级图书馆等；同质同级性联盟，如公共图书馆、高校图书馆、专业（科研）图书馆、儿童图书馆等；异质同级性联盟，如高校图书馆、艺术文博群文机构、媒体出版发行机构、行业协会、公益组织等；异质异级性联盟，如国际组织、国家图书馆学会、高校图书馆、政府、书店、中小学、企业、社区图书室、农家书屋、民间阅读组织、个人等①。阅读推广联盟，不仅可以使成员之间互通有无、共享资源，而且可以扩大活动内容和范围，满足各类读者的阅读需求和多层次信息服务，营造全民阅读的社会氛围，高校图书馆参与建设阅读推广联盟，不仅能促进自身和其他阅读推广主体的建设，也是发挥全民阅读推广主体地位和功能的重要途径。

（七）民间公益阅读促进机构

民间公益阅读促进机构，是指那些不以营利为目的，进行阅读推广的社会机构，如热心和积极推动阅读的非政府组织（NGO）、民间图书馆和书店、民间读书会和沙龙、民间的基金会、专业阅读推广人、志愿者等。国外民间阅读促进机构在全民阅读推广体系中的主体作用非常显著，较为著名的有美国国家人文艺术基金会、德国促进阅读基金会、加拿大儿童图书中心等。目前国内相关机构还不够普及，但今年来也陆续诞生了有一定影响力的组织机构，如南方分级阅读研究中心、上海市振兴中华读书指导委员会和福建阅读协会等非政府组织；幸福乡村

① 李明．论高校图书馆全民阅读推广主体地位［J］．图书馆工作与研究，2018，（4）：98–103.

图书馆和培荣书屋等民间图书馆和书店；北京三味书屋读书会等民间读书会；阿甲等专业阅读推广人；爱心传递慈善基金会（PLCF）等民间阅读促进基金会。民间阅读促进机构通过开展阅读推广活动，在儿童教育、扫描识字、促进社会公平、维护社会和谐等方面做出了巨大的贡献。高校图书馆可以借鉴他们的活动经验，独立或联合开展校内校外阅读推广活动，有利于进一步丰富活动内容创新活动形式以及促进活动的转型和拓展。

第二节 高校图书馆与相关组织机构合作阅读推广

一、高校图书馆与校内机构合作阅读推广

（一）国外高校图书馆与校内机构合作阅读推广

一直以来，国外高校图书馆阅读推广工作理念和水平相对较高，工作方式和模式也较先进，在联合校内其他部门合作开展阅读推广活动的成果和经验也较丰富和显著。例如：2001 年起，韩国江原大学为推动大学生阅读意识，培养阅读能力，提高人文素质，启动了毕业资格读书认证制度，成立了毕业资格读书认证运营委员会，制定了《毕业资格认证再实施管理条例》《毕业资格读书认证运营委员会运营规定》等配套规章制度，要求学生在毕业前生必须通过外语认证、计算机认证、读书认证中的任意两个。读书认证机制工作管理机构负责人由图书馆馆长担任，业务由图书馆主管统一部署实施，在具体的实施过程中得到了学校领导和教学管理部门的大力支持。活动在图书馆和各部门通力协作下，积极导引大学生的阅读倾向，有效发挥图书馆的教育职能和情报职能，使馆藏文献得到充分的利用，活动同时也得到大学生们的认可[①]。2002 年，哈佛大学图书馆在学校相关部门的大力支持下，启动了基于专题式数字化馆藏理念

① 王慧秋，刘香兰，骆冬燕 . 韩国江原大学图书馆办馆特色［J］. 图书馆论坛，2008（5）：174–176.

的开放馆藏计划（Open Collections Program，简称 OCP），随后又推出在线阅读计划，两项活动的同时实施为读者利用图书馆馆藏提供了高度选择性的多样化视角。项目的数字馆藏原始资料不仅来源于图书馆，还来源于学校博物馆馆藏、档案馆馆藏、霍顿图书馆的善本和手稿、教育学院图书馆的历史教科书、高等研究院图书馆的关于美国妇女研究的史料和 Harry Elkins Widener 纪念图书馆的人文和社会科学馆藏。[①]

如今图书馆学科化服务和阅读推广工作相互融合相互促进趋势显著，高校图书馆还应该积极联合学校教学管理部门，开展精准有效的服务以满足教师学科专业发展需求。例如 2008 年，新加坡南洋理工大学图书馆启动了学科屋（Subject Rooms）服务。学科屋是一个建立在博客平台上的网络虚拟一站式的学科导航系统，它将相关学科的信息（包括图书馆资源、数据库资源、网络资源等）整合在一起，为用户正确地获取所需资源提供了新的途径。学科图书馆博客分别从商业、科学、工程等 6 个方面提供了新书推荐、视频列表、书评、数据库更新、最新活动和本地展览会等服务，有效地鼓励了读者对教学科研资料进行深层次阅读[②]。同时，国外高校图书馆还经常与校内相关部门合作开发社会化阅读推广项目，例如斯坦福大学图书馆与学校出版社、协会等信息技术机构合作开发 HighWire Press 知识库，为社会读者提供大量的 OA 期刊资源。

（二）国内高校图书馆与校内机构合作阅读推广

国内高校图书馆与校内其他部门也有着长期合作的经验，在阅读推广活动中也开展了大量富有成效的合作。具体合作开展阅读推广活动主要有四种模式：一是高校图书馆主导，其他部门协助开展阅读推广活动；二是高校成立阅读推广领导机构，高校图书馆和其他部门处于同等地位，分工协助共同推进阅读推广工作；三是高校图书馆主导，并利用图书馆资源成立相对独立的专门部门，同时由学校其他部门协助支持开始阅读推广活动；四是高校图书馆积极支持相关部门和学生

① 程文艳，张军亮，郑洪兰，等 . 国外高校图书馆推广阅读文化的实例及启示［J］. 图书馆建设，2012（5）：47–50.

② 程文艳，张军亮，郑洪兰，等 . 国外高校图书馆推广阅读文化的实例及启示［J］. 图书馆建设，2012（5）：47–50.

社团等组织，开展阅读推广活动。

第一种模式，简单易操作，但合作形式较为松散，如果处理不当，容易导致阅读推广成为图书馆独自开展的活动。目前国内高校采取第一种模式开展阅读推广的情况占绝大多数，在联合校内其他相关部门开展活动过程中，不仅可以得到其他部门的直接支持，而且可以增强活动的影响力和认可度。例如：中南民族大学联合学校教务处、学生处、团委等部门，组织实施“创新学分”活动。通过此项活动鼓励大学生参加图书馆阅读推广活动和阅读，大学生参加活动后经学校创新学分专家评审委员会评审认定后获得的学分①。河北大学图书馆通过联合学校团委、学生处、宣传部、教务处、工商学院、创新创业指导中心、保定市文广新局、新华书店等部门单位，构建校内协同育人新平台，促进阅读书香校园建设活动。活动期间图书馆与其他相关部门，联合举办阅读主题讲座、书目推荐、阅读指导、评比、交流等活动，极大促进了图书馆的利用率和读者的阅读率，学校图书馆也被评为 2017 年保定市“十佳全民阅读基地”②。

第二种模式，需要学校领导高度重视，在学校整体规划中突出阅读推广工作，需要成立较为牢固的活动组织领导机构，并制定相关规章制度，构建活动长效机制。例如 2014 年，青岛职业技术学院在院长直接主持推动下，图书馆开始与学院办公室、组织部、人事处、学生处、团委、教务处、宣传部、公共教学部联合对学校“阅读工程”项目进行研讨论证，制定了“阅读工程”2014—2016 年度工作规划，成立了校级“阅读工程”工作领导小组，小组成员来自各相关部门的领导。首期规划自 2011 年至 2016 年，分三条主线平行推进阅读推广工程，即组织部负责组织实施干部阅读，人事处负责组织实施教师阅读，学生处负责组织实施学生阅读，图书馆在“阅读工程”工作领导小组的领导下负责各部门之间的协调并统筹全院的阅读活动，其他部门和二级学院积极配合，形成了多部门联动协

① 田海林，李庆福．实施创新实践学分的现状及对策研究——以中南民族大学为例［J］．湖北经济学院学报：人文社会科学版，2011，8（4）：156–157.

② 陈振亚，马凯，孙克峰．悦读·阅读·越读·越雅——悦读大学·书香校园［J］．河北科技图苑，2017（9）：43–45.

作的运作模式[①]。另外，贵州师范大学图书馆与学校教育科学学院合作，长期为参加“国培计划”的各地幼儿园院长、幼儿园骨干教师、中小学骨干教师提供学前教育师资培训，工作取得了很好的效果。

第三种模式，组织难度最大，对图书馆要求最高，如果能顺利有效地实施，将产生显著的活动效益，极大提升图书馆及学校的知名度和读者信息需求的满足度。例如：2009 年宁波大学图书馆向学校申请，经工商部门注册批准，成立了宁波大学科技信息事务所，常设机构挂靠在图书馆，同图书馆一套人马，两个牌子。机构成立之后，图书馆与学校院系联合推广信息服务，改变传统信息服务的内容和方式，依托浙江省科技平台和宁波市数字图书馆平台，集中资源与技术优势扩大信息共建共享范围，承建了宁波数字图书馆第一批建设项目（宁波物流特色数据库）和宁波市数字图书馆第二批建设项目（宁波文教用品特色数据库）[②]。

第四种模式，在国内高校内较为普遍存在，活动的关键在于高校图书馆的引导作用，并通过自身的资源、设施、空间和专业优势给予相关部门和组织大力的支持。高校内拥有大量思想活跃、热衷组织开展文体活动的学生和组织。他们不仅是高校图书馆阅读推广的客体，也是活动的主体。很多高校图书馆为了弥补人力资源的不足，经常会组织或支持学生社团等组织，为他们提供活动平台，让他们发挥自己的聪明才智，发起各种阅读推广活动。例如：潍坊学院图书馆通过成立大学生阅读自助组织，组织学生采访学校学者、专家、教授和杰出校友，邀请他们推荐“影响我人生的五本书”，总结他们的治学理念，采写他们的读书与成长的动人故事，形成采访报告，与读者分享他们的读书体会。最后，由图书馆汇编、整理形成潍坊学院名人《治学理念与读书感言》《影响我人生的五本书》，经本人审校后制作宣传板在校内予以宣传，有效指导学生健康、有效的阅读，激发了学生的读书热情[③]。

---

① 王文中，张锐．大学生阅读推广的联动与创新发展研究——以青岛职业技术学院图书馆“阅读工程”为例［J］．青岛职业技术学院学报，2016，29（2）：79–82.

② 聂峰英．高校图书馆信息服务社会化推广与实践［J］．图书馆建设，2010（8）：71–73.

③ 郭海明．高校图书馆阅读推广服务机制构建［J］．图书馆建设，2012（5）：51–54.

二、高校图书馆与校外组织合作阅读推广

（一）高校图书馆与公共图书馆合作阅读推广

就阅读推广而言，相对于其他类型的图书馆，我国公共图书馆的阅读推广历史较悠久，经验也较为丰富。高校图书馆与公共图书馆在联合开展阅读推广过程中，有着各自的优势和特点，如高校图书馆拥有丰富的专业资源、大量阅读素养较高的师生读者和数量较多分布比较广泛的实体空间；公共图书馆则有着大量的科普性资源、丰富的活动经验和独特社会关系优势。两者体制不同，目前双方合作的频率较低，合作的深度和广度有待进一步加强，但两者优势互补，便于开展影响力深远、活动范围大、参与度高的阅读推广活动，双方未来合作的前景和机会是值得期待的。例如铜陵职业技术学院图书馆与铜陵市图书馆、铜陵县图书馆，自 2009 年起，连续多年合作开展“送书至军营”活动，深受当地驻防部队欢迎，社会效益显著。在铜陵市政府的统筹协调下，2015 年铜陵职业技术学院图书馆与铜陵市图书馆双方新馆又共处一地，此后双方更是方便地合作开展了诸多阅读推广活动，如铜陵市公共图书馆邀请专家举办讲座，受众不仅包括社会读者也包括学校师生读者，学校图书馆也敞开大门欢迎公共图书馆的读者。深入全面的合作使双方成为当地促进全民阅读建设书香社会的“急先锋”，受到了当地居民的一致欢迎，营造了极其浓郁的阅读氛围，成为地区信息文化娱乐中心。另外，高校图书馆与公共图书馆双方合作开展阅读推广不仅可以实现资源共享，广泛开展馆际互借、联合实施信息素养教育等活动，还可以联合购置电子资源为读者提供更多的资源以便利用。同时，公共图书馆还可以根据学校的教学时间，针对学校教职工制定“亲子阅读”项目，而高校图书馆也可以联合学校其他部门组织学生充当公共图书馆活动的志愿者，组织专家教授为公共图书馆开展专题讲座等。

（二）高校图书馆与政府部门合作阅读推广

近年来，随着书香社会、学习型社会建设目标的确立和大众终身教育思想的深入，我国政府对全民阅读推广的重视与日俱增。政府不仅在内部周期性的开展

学习日、学习周等活动，而且积极发起大规模的阅读推广活动，也积极支持各部门开展阅读推广活动。高校图书馆作为某一地区的文献信息中心和文化中心，多年来一直是政府部门组织开展阅读推广活动的合作伙伴。在全国各地的大型读书节活动中，都能看到高校图书馆的身影。例如，苏州读书节活动主体中有苏州工业职业技术学院、苏州卫生职业技术学院、沙洲职业工学院、苏州市职业大学；深圳读书月活动主体中有深圳大学城图书馆等；东莞读书节活动主体中有东莞理工学院图书馆等。政府在合作开展阅读推广工作中一般是活动的指导者和资源的组织者，高校图书馆则具体负责开展活动，活动对象不仅包括师生读者，也包括校外大众读者。高校图书馆在政府组织的阅读推广活动中不仅可以提升活动的宣传力度和参与度，还可以提升学校和图书馆的社会影响力、赞赏度和满意度，但在这类合作阅读推广活动中政府部门往往重形式、轻过程，政府部门领导常常只是热衷于开闭幕式，真正与高校图书馆合作的深度还不够。同时这类合作阅读推广活动时间也较为集中和不稳定，政府部门常常利用 4·23 世界读书日等特殊时期集中开展活动，下一次合作开展活动可能要等整整一年甚至更长时间，真正与高校图书馆合作的持久性也不足。因此，高校图书馆应该积极参加政府组织的阅读推广活动，争取相对较少的合作机会，充分展示自己组织活动的能力和促进全民阅读的愿望，增强政府部门阅读推广重要性的意识，以便得到政府部门在政策、资源和宣传上的长期支持。另外，高校图书馆还可以通过政府有关部门的支持，开设分馆或阅读点为民众阅读提供方便，促进大众阅读。例如：广州大学图书馆与省市有关单位合作共建图书馆桂花岗分馆暨中山图书馆桂花岗社区分馆、广州市廉政信息研究中心、部队军营图书馆，为社会读者提供阅读服务；湛江师范学院图书馆与市委市政府、公共图书馆联合举办“湛江非物质文化遗产图片展”“建党 90 周年湛江党史图片展”等活动。

（三）高校图书馆与出版发行机构合作阅读推广

图书馆社会合作研究专业委员会，是中国图书馆学会 2009 年第八届学术研究委员会大会上新增设的，其主要任务是开展图书馆与社会合作阅读推广的理论研究，促进图书馆与出版、发行、数据库商等组织机构之间的合作阅读推广。2009

年在广西南宁召开的中国图书馆学会年会上，开设了“图书馆社会合作分会场”，针对“图书馆、出版商、发行商——合作中的利益与冲突”与“图书馆与媒体的合作”以及“图书馆与数据商：在合作中双赢”等命题展开讨论。2013 年由中国图书馆学会阅读推广委员会、中国新华书店协会等单位联合组织召开了“出版界图书馆界全民阅读年会（2013）”，共同商讨出版社、图书馆的合作，促进全民阅读活动的组织与落实，此后年会连续数年惯例举办。图书馆界与出版界合作开展阅读推广有着一致的目标，一方面高校图书馆希望利用出版发行机构独特的优势，即最畅销的图书资源、最新的读者阅读信息、最专业的技术人员和最广泛的实体网点，以便提高活动效益；另一方面出版发行机构希望通过阅读推广活动开发最具阅读潜力的高校师生读者群体，以便促进图书等资源的销售。所以高校图书馆应该紧紧围绕以下四个方面加强与出版发行机构合作开展阅读推广。一是高校图书馆在开展阅读推广活动过程中应该积极争取出版发行机构在资源上的支持，出版发行机构通过捐赠形式向活动提供最新的畅销书可以丰富活动的资源和品质，另外出版发行机构为活动提供小礼品可以缓解图书馆的活动资金压力。二是高校图书馆利用出版发行机构掌握读者的阅读大数据，可以有的放矢地开展更具针对性的阅读推广活动，可以进一步提高活动的效果和质量。三是高校图书馆可以充分利用出版发行机构的专门培训人员，为师生读者开展信息检索与利用培训教育，缓解图书馆信息素养教育活动的人力资源不足问题。四是出版发行机构分布广泛的网点，是高校图书馆开展社会化阅读推广活动的理想平台。不仅可以减少活动的成本，还可以周期性的开展活动，从社会末端满足社会读者需求。但是，双方合作开展阅读推广工作中，也应该注意出版发行机构作为营利性组织及其开展活动的目的，所以高校图书馆在开展活动过程中不能一味地向出版发行机构索取支持，也不能一味地迎合出版发行机构向读者积极推广不合适的资源。

（四）高校图书馆与大众媒体合作阅读推广

高校图书馆与大众媒体合作开展阅读推广，主要有以下两种方式：一是合作宣传推广；二是合作开发项目，其中项目又分为高校图书馆的阅读推广项目和大众媒体的阅读推广项目。随着阅读推广工作的不断深入，图书馆越来越深刻地认识到活动宣传推广的重要性，各种营销理论与手段逐渐被广泛地应用在阅读推广研究过程中，但实际工作中营销理念的引入却不甚理想。原因在于图书馆特别是高校图书馆缺乏营销推广活动的经验，也缺乏必要的专业人才和技术手段。所以，高校图书馆不仅要与校内宣传部门深入开展合作，而且也需要与大众媒体进行多层次的交流与合作；不仅需要对活动内容进行宣传，而且需要对活动过程和效果进行宣传；不仅需要采用传统的宣传手段，而且需要采用新媒体技术进行宣传。社会上专业的宣传策划企业，虽然具备较高的专业水准，也有较高的合作意愿，但费用却远远超过图书馆的承受范围。所以高校图书馆在开展阅读推广活动中，往往将目光投向大众媒体，希望借助友情支援活动的宣传工作，而且效果也不错。大众媒体在与高校图书馆合作开展活动宣传过程中，也可以积极推广自己的产品，提高自己的影响力。目前高校图书馆与大众媒体合作的深度和广度还有待进一步加强，例如大众媒体并不愿意参与到活动的整体策划，只愿意宣传活动的开闭幕式亮点和框架形式，而对活动的内涵宣传却较少，总体上大众媒体的活动参与积极性不高。

目前国内高校图书馆大多采用第一种模式，通过借助大众媒体平台相对自主地开展宣传工作，例如 2013 年，哈尔滨理工大学图书馆阅读推广活动利用自媒体平台，扩大自身影响力，争取更多读者的关注[①]。同时也有大众媒体主动利用高校图书馆阅读推广活动资源开展宣传工作，以便扩大自身影响力，例如优酷视频和新浪微博通过转载清华大学自制视频——《爱上图书馆》，一周之内就收获了 23.3 万粉丝的关注[②]。总体上，第一种模式目前还缺乏有效的持续合作机制，有待双方进一步沟通与交流，深度合作开发特色阅读推广项目，例如哈佛大学图书馆与 Google 合作，把分散在 90 多个哈佛分馆的藏书全部数字化，并开通了移动阅读服务，极大地方便了校内外读者对数字资源的使用。另外，高校图书馆也可以通过发掘自身的特色馆藏为大众媒体开设阅读栏目提供资源保障，如美国乔治亚理工学院图书馆与当地电台合作制作的“在书架中迷失（Lost In Stack）”节目，将当地历史、时事、音乐文化与图书馆及图书馆资源联系在一起，深受听众欢迎，进一步提高

① 刘红．基于利益相关者理论的高校图书馆阅读推广服务研究［J］．农业图书情报学刊，2017，29（2）：178–181.

② 林仕珍．利益相关者视角的高校图书馆地方文献库建设［J］．漳州师范学院学报：自然科学版，2013，（2）：128–132.

了校内外读者对馆藏资源的利用率，并获2011年国际图书馆协会联合会（以下简称“国际图联”或“IFLA”）国际营销奖三等奖。中国国家图书馆、天津市图书馆、深圳市图书馆、杭州市图书馆、上海市图书馆等许多公共图书馆也都在数字电视上开辟了阅读栏目，高校图书馆也可以利用自身专业资源和教师优势与相关媒体合作开发阅读项目，如厦门大学人文学院中文系教授易中天先生与中央电视台科教频道合作制作的《汉代风云人物》《易中天品三国》等百家讲坛系列阅读栏目。

（五）高校图书馆与协会、联盟和民间机构合作阅读推广

1. 高校图书馆与中国图书馆学会合作阅读推广

中国图书馆学会阅读推广委员会是专门开展阅读推广理论研究和实践工作的组织机构，是高校图书馆阅读推广工作的引导者、支持者和合作者。自从学会成立以来，联合全国各地高校图书馆开展了内容丰富形式多样的阅读推广活动，如学会下设的经典阅读推广委员会与青少年阅读推广委员会和凯里学院图书馆合作，举办了“西部大学生经典阅读推广论坛”，并在会议上发表了《阅读是天职、推广是使命》《经典阅读与推荐书目》《经典阅读与人生》等报告；图书评论委员会与淮阴师范学院图书馆等多家图书馆合作，举办了征文评选活动；阅读与心理健康委员会与苏州卫生职业技术学院图书馆和北京大学图书馆合作推出了“4·23我们在做快乐的事”和“读书读出好心情”等一系列阅读推广活动；大学生阅读委员会更是专注于高校大学生阅读推广工作的组织，先后与郑州大学图书馆、中原工学院图书馆、南京理工大学图书馆、南阳师范学院图书馆等多家高校图书馆合作，为在校师生开展了名家讲座、爱心图书漂流、美文吟唱会等多种形式的阅读推广活动，极大激发了广大师生读者的阅读热情。

2. 高校图书馆与阅读推广联盟合作阅读推广

高校图书馆参加区域内的阅读推广联盟不仅有利于阅读推广持续有效地开展，而且可以通过联盟的团体力量与图书资源出版发行机构合作为读者争取更多的阅读权利。例如，北京多所高校图书馆参加了首都图书馆联盟，为区域内的大众读者提供了丰富多彩的阅读推广活动，大大促进了大众的阅读能力和阅读兴趣；平

顶山工业职业技术学院图书馆自加入高校图书馆阅读推广联盟，创新阅读推广形式后取得了显著的成效，资源借阅率和读者到馆率明显得到提升[①]。此外，2015 年台湾地区各高校组成“学术电子信息资源共享联盟”合作抗衡国际出版商爱思唯尔（Elsevier）提高电子产品价格政策，最终迫使 Elsevier 取消涨价，反而降价 8.6%[②]。

3. 高校图书馆与民间阅读机构合作阅读推广

高校图书馆还可以与民间阅读促进组织合作，通过发挥自身优势支持其开展阅读推广活动，或争取其为自身阅读推广活动提供支持。国内外民间阅读促进机构和组织实施的阅读推广活动，大多以促进大众和儿童、残疾人等特殊人群阅读为宗旨，它们大多规模小但数量多，发展势头迅猛。它们的活动宗旨与高校图书馆社会化阅读推广宗旨是一致的，是高校图书馆向校外拓展阅读推广的合作伙伴。例如：2007 年开始，英国莱斯特大学图书馆与慈善组织图书信托基金会成功合作实施的“信箱俱乐部”，旨在提升寄养儿童的识字能力、自学能力，进而提高他们的学习兴趣和自信心与自尊心；2006 年，美国图书馆服务学会与美国国家人文艺术基金会、美国中西部艺术基金会等组织合作实施的“大阅读计划”，旨在激发民众对阅读文学作品的兴趣，成为美国阅读社会建设的开端。

4. 高校图书馆与企业合作阅读推广

高校图书馆与公司企业合作，不仅可以有效指导企业开展阅读推广活动，提升企业员工信息素养和阅读水平，而且还可以获得企业在资金和物质上的支持，扩大活动范围和效益。例如：江汉大学图书馆联合东方汽车有限公司等企业单位，开展企业员工信息素养培训，面向市民开展艺术画展、摄影品展、名家书法、主题讲座等活动；沈阳五爱实业有限公司赞助东北大学图书馆，举办了声势浩大的阅读交流分享比赛，活动成功吸引了校内外大量读者，不仅提高了图书馆资源利用率和图书馆影响力，同时也提升了沈阳五爱实业有限公司的社美誉度[③]。

---

① 刘璞．高校图书馆阅读推广联盟建设研究［J］．河南图书馆学刊，2014，34（11）：49–51.

② 张国．合作抗衡，台湾赢了［EB/OL］．［2008– 06– 04］．http：//zqbcyol．com/content/2008– 06/04/con tent_2210576．htm.

③ 吴雪芝．高校图书馆岗位社会化实践及对策研究 ——基于利益相关者的视角［J］．图书馆建设，2014，（9）：75–80.

第三篇

高校图书馆阅读推广发展趋势及策略研究

第八章　高校图书馆阅读推广活动主体个体化①

高校图书馆阅读推广事业是一项复杂的系统工程，需要构建以学校为主导，图书馆为核心，读者大众为重要补充，全校参与的长效机制。《阅读自由宣言》提出："保卫阅读自由，促进阅读推广，要求所有的出版者和图书馆员鞠躬尽瘁、竭尽所能，更需要全体美国人民全力的支持。"②郛书林③、张怀涛④、黄冬霞⑤、王波⑥等多位专家学者也曾明确提出个体（读者）是阅读推广重要主体之一。纵观国内外阅读推广实践，无论是专家学者、社会名人，还是普通读者，作为个体，或借助图书馆平台，或与图书馆合作，或参与图书馆活动，或独立开展活动等方式，充当高校阅读活动的发起者、组织者、实施者、服务者和支持者等多种角色，真切推动高校图书馆阅读推广事业的发展。

① 李明．基于个体视域下的阅读推广模式研究［J］．图书馆理论与实践，2017（2）：31–36.

② 李三川．美国图书馆协会《阅读自由宣言》，附中文译稿［EB/OL］．［2012–02–26］.https：//www.douban.com/note/202411080/.

③ 郛书林．养成阅读习惯是一门科学［N］．光明日报，2009–06–08（01）.

④ 张怀涛．阅读推广的要素分析［J］．晋图学刊，2015（6）：1–7，11.

⑤ 黄冬霞，白君礼．我国阅读推广主体探析［J］．图书馆，2015（6）：17–20，59.

⑥ 王波．阅读推广、图书馆阅读推广的定义——兼论如何认识和学习图书馆时尚阅读推广案例［J］．图书馆论坛，2015（10）：1–7.

第一节　高校图书馆阅读推广主体个体化表现形式

一、通过阅读分享发挥主体作用

“阅读分享”，是20世纪60年代由新西兰教育学家赫达维（Holdway）等人在对儿童的阅读研究中首次提出。随着社会的变迁，特别是计算机网络技术的发展，如今任何人对任何感兴趣的阅读话题所进行的关注和转载都属于阅读分享范畴。单一个体通过阅读分享推广阅读主要有以下三种形式。

（一）读者推荐

读者个人根据自身的阅读体验和经历，出于对阅读的促进和分享的目的，向其他读者推荐书目的行为，即让读者进行阅读推荐。作为高校教师，特别是著名专家学者，有责任也有能力为大学生读者推荐书目，中国高校的名师历来也愿意为大学生读者推荐书目。例如：胡适为清华学子开列的《一个最低限度的国学书目》，顾颉刚为大学生开列的《有志研究中国史的青年可备闲览书》，钱穆为西南联大学生开列的《文史书目举要》，张岂之和徐葆耕主编出版的《清华大学学生应读书目（人文部分）》。过去书目编列常以学者为主，如今普通的读者也常加入其中，例如在高校图书馆内经常专门为读者推荐书目而设置功能区域和留言板、留言簿等，让读者将自己认为值得推荐的书及理由写在上面。针对不同的阅读推广客体读者和目标，活动的方式方法应该灵活多变，除了使用留言的方式，还可以通过书评、视频、绘画、手工作品等方式进行推荐，如苏州独墅湖图书馆让读者将自己认为值得推荐的书及理由写卡片上，然后挂在图书馆预设的推荐圣诞树上面[①]。

（二）读书分享会

读书分享会在读者阅读交流过程中具有很强的互动性和渗透性，是推广深阅

① 邱冠华，金德政．图书馆阅读推广基础工作［M］．北京：朝华出版社，2015：29.

读和经典阅读的有效途径，具体模式又分为三种：一是读书会。这是一种最常见的方式，读者通过积极参加高校图书馆牵头组织开展的读书会及其活动，并在组织和活动中发挥着引领阅读的作用。二是读书节。例如，华中农业大学图书馆开展的“青椒”分享读书之乐，让青年教师向学生读者推荐书籍，同时也让大学生们领略青年教师的风采，拓宽阅读的视野①。三是撰写文章。馆员和读者以阅读为主题通过图书馆阅读推广活动平台撰写文章、报道宣传、翻译编写专著、网络文章等，特别是发表在QQ、微博、微信等新媒体中的内容，具有大众化、网络化、碎片化等特点，可以随时随地地与他人分享阅读、促进阅读。

（三）捐书赠书

捐书赠书，即读者将阅读后认为有价值的文献捐献给图书馆以便让其他读者有机会阅读的行为，或通过图书漂流的形式将图书资源无偿与别人分享的行为。例如：高校教师在结束某项教科研工作后，为充分发挥资源的使用价值，将利用过的资源无偿捐给图书馆；高校毕业季期间，即将毕业的学生读者将自己的使用过的读物无偿捐献给图书馆；或校内外有关人士出于对高校图书馆事业的支持，购置图书资源无偿捐献给图书馆。由于活动具有操作简单、成效快、影响大等特点，是目前个体参与高校图书馆阅读推广常见的形式之一。

二、通过日常工作发挥主体作用

高校图书馆是校园内阅读推广工作的主要阵地，那么馆长就是先锋官，馆员就是排头兵，需要他们在日常的工作和生活中肩负起更多的阅读推广使命，将阅读推广内化于心、外化于行。

（一）馆员负责制阅读推广

馆员负责制，是个体馆员在日常工作和生活中，自觉将阅读推广服务作为本职工作内容之一的机制。在美国，有这样一种说法，即图书馆服务所发挥的作用，

① 分享阅读的快乐聆听思想的声音——四位“青椒”分享读书之乐［EB/OL］.［2015-03-07］.http//lib.hzau.edu.cn/zxxx/Document/2279/2279.html.

5% 来自图书馆的建筑物，20% 来自信息资料，75% 来自图书馆员的素质。[①]由此可见，馆员在日常图书馆管理与服务中的作用和意义。馆员负责制下的每位馆员都是一台阅读推广播种器，他们提供的阅读推广服务长期且有效。例如美国沃斯堡公共图书馆（Fort Worth Library）鼓励馆员独立组织阅读活动，活动还可以馆员的名字命名，不仅调动了馆员的积极性，也有利于活动品牌的树立[②]，而美国公共图书馆青少年读书会一般也是由馆员甚至是读书会中的普通家长成员轮流主持开展阅读活动[③]。作者所在单位的某位图书馆馆员，出于对阅读的挚爱和对大学生读者阅读需求的关怀，充分利用图书馆甚至是个人资源，创新成立阅读服务志愿者团队，几乎利用一己之力创建并连续 10 年成功举办了学校图书馆读书节活动。现如今学校图书馆读书节已经成为图书馆的常规工作和特色工作，是校园文化建设和文明创建的典范。另外，中国图书馆学会每年评选出的“中国图书馆榜样人物”中，更有大量的馆员在日常的工作中为高校阅读推广事业兢兢业业地无私奉献。

（二）馆长负责制阅读推广

馆长负责制，是图书馆负责人将阅读推广纳入图书馆发展战略，通过自己的示范带头作用，长期创新开展具有深远意义的特色阅读推广服务，为师生读者阅读创造条件和优良环境，引领校园阅读蔚然成风。例如：北京大学图书馆副馆长陈凌，长期主持“211 工程”高等教育文献保障系统（以下简称“CALIS”）建设项目，在项目三期建设中，他提出以“普遍服务”为指导思想，在服务体系设计、管理机制和技术路线方面多有创新，将 CALIS 各项服务推广至 1800 余所高校成员馆使之受益，为谋求高校图书馆整体发展和进步、深化文献共建共享体系建设做出了突出贡献；中山大学资讯管理学院教授、图书馆馆长程焕文，不仅从事图书馆学教学 30 年，在他担任图书馆馆长 18 年来，以“自由、平等、免费、开放”图书馆理念，以“智慧与服务”为馆训，不仅使中山大学图书馆的建筑面积和藏

① 孙继林 . 图书馆改革要重视人力资源管理［J］. 图书馆论坛 ,2002,22（5）：133–135.

② The 2012 summer reading challenge［EB/OL］.http：//fort–worthtexas.gov/library/SummerReading/，2012–07–05.

③ 黄晓燕 . 美国公共图书馆读书会对少儿阅读的影响［J］. 图书馆学研究，2010（15）：83–88.

书量名列全国高校图书馆前茅，成为国家级古籍修复中心和国家级古籍修复人才培训基地，还长期倡导“爱国、爱馆、爱书、爱人”的图书馆精神，发起和组织了“沈祖荣沈宝环纪念奖学金”等近 10 项图书馆学奖学金、“图书馆家园——援助图书馆人计划”援助汶川地震、舟曲泥石流、玉树地震中受灾的图书馆人、“中山大学援助汶川北川图书馆博雅研习项目”等活动，使图书馆真正发挥着阅读推广基地的作用；北京工业职业技术学院图书馆馆长张兆忠，在二十余年的馆长经历中，不仅把本校图书馆建设成为全方位的一流高职图书馆，还大力倡导高职院校图书馆的共建与共享，参与筹建了“首都高职图书馆联盟”，实现了首都高职院校图书馆数字资源的“共建共享”。

三、通过读书会发挥主体作用

读书会的历史由来已久，瑞典的“读书圈”是第一个现代意义上的读书会。读书会是一种相对自由的、非正规的阅读学习组织，甚至是现代人的休闲娱乐方式，具有渗透力强、简单易操作、形式多样等特点。按实际管理者身份划分，可将高校图书馆读书会分为图书馆主办的读书会、师生主办的读书会两大主要类型，后者大多依托高校图书馆，但具有独立的社团组织性质，在开展阅读推广活动中主要以师生管理者或负责人为组织核心，通过图书馆读书节等平台发挥阅读推广主体作用。高校读书会及读书会的工作相关内容本书前面章节已进行有关分析介绍，本章节将列举一些师生读者如何借助图书馆平台以读书会形式组织开展阅读推广活动，详情见表《高校读书会简介统计表》。

表 1　高校读书会简介统计表

名称	创立时间	创始人、负责人	性质和宗旨简介
南阳师范学院绿茵读书会	1990 年	学校历史系和中文系的十几名同学	由图书馆发起，学生自愿参加、自主管理，以图书馆为依托，致力于加强校园文化建设，提高学生综合素质，塑造优良学风，引导学生适应社会。
开封大学读书会	1990 年	大学生	依托图书馆资源，以“读书、读好书、读好生活这本书”为宗旨，带动和鼓励全体会员博览群书，吸取众家之长，学习书中古今历代所积累的知识和经验。

续表

名称	创立时间	创始人、负责人	性质和宗旨简介
宜春学院读者协会	2002 年	大学生	在宜春学院党委行政领导下，由校图书馆管理和指导的群众性团体。协会由具有宜春学院校籍的读者会员组成，本着“多闻、广目、求知、博学”的宗旨，充分利用学校图书馆资源，团结和组织会员开发、使用文献信息资源，增进学习与交流，做读者益友，为读者服务，为教学与科研服务，协会主办校内刊物《读者参考》。
三峡大学图书馆读书俱乐部	2003 年	大学生	由图书馆直接领导、校团委直接指导，大学生自我管理，独立运行的综合服务类学生组织。通过开展一系列活动增进读者与图书馆之间的沟通，帮助读者充分利用馆藏资源。
厦门大学读者协会	2003 年	大学生	由图书馆支持下创建，参与图书馆的管理、服务、宣传、教育工作的学生志愿组织。在图书馆日常工作中辅助同学使用图书馆，提供相关咨询，开展各项以阅读为主题的活动。
东南大学善渊读书会	2009 年	大学生	依托东南大学图书馆，由学生会指导的爱好读书的师生自愿组成的公益性社团组织，旨在充分发挥图书馆的资源、服务优势，加强读者与图书馆之间的沟通；为广大爱书者构建一个以书会友、阅读分享的平台；通过各种阅读推广活动提高大学生的阅读和写作能力。
沈阳师范大学图书馆读者协会	2010 年	大学生	协会由图书馆馆员作为指导教师，在图书馆的管理、阅读推广和读者活动组织中发挥着重要作用，协会“真人图书馆”活动获得校园社团精品活动。
深圳职业技术学院读书俱乐部	2010 年	大学生	由校图书馆发起、隶属于校工会、面向本校教师的文化活动组织，以致力营造深职读书人的精神家园为宗旨。

续表

名称	创立时间	创始人、负责人	性质和宗旨简介
郑州大学读书会	2010 年	郑州大学《周易》与古代文献研究所所长崔波和党总支副书记管永昌	挂靠于图书馆的学生社团组织，以“翰墨寄身，书香致远”为宗旨，倡导读书风气，营造读书氛围，结交广大书友，扩充知识领域，促进自我成长。协会连续多年承办由图书馆等部门主办的读书达人秀等阅读推广活动。
湘潭大学文馨书友会	2011 年	大学生	挂靠于图书馆，隶属于学生社团联合会。秉承“以书会友，以友识书”的理念，坚持以“服务会员，会员第一”为原则，通过开展一系列活动，加强内部交流，吸引全校更多爱读书的同学加入，并以此推广爱书的理念。

四、通过活动志愿者身份发挥主体作用

志愿者（Volunteers）也称为“义工”或“志工”，是指在不为任何物质报酬的情况下，为改进社会而提供服务，共享个人时间及精神的人。从广义上看，图书馆捐赠者、图书馆托管人、图书馆之友等为图书馆无偿做出贡献的人或组织皆可视为图书馆志愿者；狭义上看，只有服从图书馆管理，定期从事图书馆工作的志愿者才可以被称为“图书馆志愿者”[①]。高校图书馆阅读推广过程中，高素质的师生志愿者的加入不仅可以缓解图书馆资源、人力和经费压力，还可以给活动带来无限创意，提升活动的社会认知度和参与度。志愿者参与阅读推广，按角色可以分为引导者、协助者、宣传者、沟通者、支持者等角色，还可以在活动中作为组织者，拥有活动内容和方式自主权。

欧美国家图书馆界志愿者服务历史悠久，管理制度和工作机制完善，而高校图书馆志愿者服务活动引入相对较晚，但由于志愿者素质高，其服务质量和规模有后来居上之势。志愿者在阅读推广活动中，不仅是助手，有时甚至起着支撑作用。例如哈佛大学图书馆等美国第一批成立的高校图书馆书籍的来源主要靠牧师、

① 白兴勇，周余姣 . 试析美国图书馆志愿者的历史分期［J］. 国家图书馆学刊，2017，26（4）：100–107.

医生、律师及政府官员的捐赠，捐书行为在早期大学图书馆工作中屡见不鲜，这些人都可算是早期的图书馆志愿者，而捐赠的图书则是高校图书馆开展阅读推广活动的基础。另外有研究显示，从时间上估算，美国大学图书馆发展的上升及成功期与图书馆志愿者成熟期相对应，也从层面显示志愿者在图书馆各项事业中的显著意义[①]。英国早在维多利亚女王时期就有志愿者充当图书馆工作人员的历史，2001年英国图书馆协会更是制定了《图书馆志愿者服务指南》，用于指导图书馆开展志愿者招募和管理工作。加拿大由各行各业热爱阅读并关注阅读现状的志愿者自发组织发起了“国家阅读运动”，将国家打造成一个阅读者的天堂。德国阅读促进基金会开展的阅读俱乐部通过招募和培训15万名志愿者在图书馆、幼教机构和学校中组织读书会[②]。

我国港台地区的图书馆招募志愿者协助馆内开展工作极为常见，志愿者的服务内容与管理机制都比较成熟。国内图书馆志愿者服务发展较晚，2012年颁布的《公共图书馆服务规范》才首次提出：“公共图书馆应导入志愿者服务机制，吸引更多图书馆工作人员和社会公众加入志愿者队伍。”[③]但随着图书馆的社会责任和核心价值发挥的愈加充分，越来越多的图书馆开始注重建立和完善志愿者的引入工作机制。我国高校图书馆志愿者服务相对于公共图书馆起步较晚，但目前志愿者活动已经渗透至高校图书馆的各项服务和活动中，特别是在活动化的阅读推广工作中志愿者的身影越来越多，志愿者已经被视为常规的“生产力”要素和“智愿者”。例如湘潭大学图书馆志愿者组成人员以在校大学生为主，志愿者不仅参与图书馆举办的“图书馆服务周”“世界图书日”“新书推荐”等阅读推广活动，还为主持课题的教师开展信息推送服务，进行深层次的文献资源检索、读者咨询、引导等工作[④]。广西科技大学图书馆建立志愿者服务工作常态化机制，并争取学校

---

① 白兴勇，周余姣 . 试析美国图书馆志愿者的历史分期［J］. 国家图书馆学刊，2017，26（4）：100–107.

② 中国新闻出版研究院，江苏省全民阅读办 . 国外全民阅读法律政策译介［M］. 南京：译林出版社，2015：181.

③ 公共图书馆服务规范［EB/OL］.［2012–05–16］.http：//www.360doc.com/content/12/0516/11/ 639 3723_211372329.shtml.

④ 肖可以，杨锦荣 . 高校图书馆志愿者服务管理机制研究［J］. 高校图书馆工作，2011，31（6）：82–84.

资助中心等部门的支持，提高志愿者服务团队素质，完善招聘选拔、培训管理、评价激励等工作机制，不断提升志愿者的工作能力和服务质量。志愿者不仅是图书馆日常管理过程中的好帮手，更是图书馆阅读推广中的重要合作伙伴，图书馆与志愿者团队合作周期性开展了读书交流会、找书比赛、送教送书下乡、图书馆进社区进宿舍进食堂等活动，深受读者和社会大众的好评①。

第二节　个体阅读推广的优势与问题

一、个体阅读推广的优势

（一）成员众多，角色多元

所有读者个体都可能也都可以成为高校图书馆阅读推广主体，不分校内校外、年龄性别、学科专业、职业岗位和能力大小。差异仅在于角色不同和责任大小而已，学校领导机构组织侧重于阅读资源支持，专家学者教师侧重于阅读方向引领，图书馆员和领导侧重于阅读创新与组织，普通读者侧重于阅读服务与参与，他们各尽其责，各尽其能，各自发挥着自身的独特优势。

（二）途径多样，手段灵活

个体在日常工作、学习和生活中几乎可以通过一切行为手段支持高校图书馆开展阅读推广活动。随着计算机网络通信技术的发展，新媒体技术和平台的不断涌现，高校图书馆推广内容和方法也变得更加丰富多样。多样化的推广方式和途径结合活动自身具有的开放性、平等性、互动性等特点，使活动参与更加广泛，渗透性更强，又进一步扩大了读者参与活动的途径和方式。

---

① 薛宏珍．高校图书馆志愿者活动常态化机制建设研究——以广西科技大学为例［J］．图书馆界，2014（3）：35–37.

（三）积极性高，创意丰富

个体力量虽然稍显薄弱，但通过与图书馆合作或借助图书馆阅读推广平台，能充分发挥个体在阅读推广活动中的创意和灵活性等特点。活动参与积极性和活动内容创意性，两者相辅相成，是构建活动长效机制的基本保障。个体参与阅读推广的出发点多为义务奉献，积极性不容置疑，而无数个体的积极性又是活动内容丰富和创新创意的催化剂，高校图书馆需要做的只是如何保持读者参与活动的长久性和活动创意的科学合理性。

（四）资源丰富，效益深远

个体资源丰富多样，主要包括人力、物力和财力，是高校图书馆阅读推广资源的重要补充。各种资源在学校、图书馆，甚至是在政府部门的有效整合下，将更能充分发挥作用。同时，个体资源点多面广，在阅读推广过程中，针对性强，个性化服务精确，引领示范作用更为直接，是阅读推广深入教室、食堂、宿舍，甚至是深入农村、社区、企业的有效捷径。

二、个体阅读推广的问题

（一）方向性问题

阅读推广是一项严肃的文化事业，活动宗旨和理念需要符合主旋律，活动组织需要坚持科学性原则。所以个体参与阅读推广工作，首先是要解决“为什么推广”和“推广什么”两个问题。如果高校图书馆引导不足、规章制度不健全、个体认识不到位，容易使活动方向不明，活动内容不科学甚至不合法，最终导致活动现实效果与根本宗旨不符。例如：书目推荐不合适会打击对象的阅读积极性；资源采购、捐赠不科学会影响读者正常的“三观”发展和社会行为；读书会内容不健康会影响会员的身心健康和校园安定；活动组织不合理会影响读者参与活动的积极性；志愿者服务不热情会影响读者阅读心情；阅读推广研究不科学会误导推广实践工作。

（二）持续性问题

阅读推广是一项长期事业，活动开展要相对集中而又有周期性。个体资源虽然丰富，但相对分散，不易凝成合力，容易出现以下问题，导致活动持续性不足。第一，活动人手不够。个体阅读推广项目创始人数量通常不多，项目组织结构形式多为直线式，运行模式也过于集权而又难以去中心化。即便项目有学生会、读书会等管理团队，也是较为松散的组织，且大多成员均有工作、学习和生活上的压力。最终导致项目负责人身心疲惫，容易出现“激情不可持续”的现象。第二，活动物力有限。主要是指图书资料相对无限性是个体能力范围内无法弥补的困惑，而活动场地设备相对不确定性，是个体无法有效解决的问题。第三，活动资金不足。大小不一、形式各异的个体阅读推广项目，都需要消耗组织者大量时间和经费，但现实中资金不足问题几乎是所有项目的共同症结，如果高校图书馆不采取有效保障措施和支持，活动可能难以为继。

（三）效益性问题

阅读推广是一项系统工程，活动组织参与者不仅要有乐于奉献和吃苦耐劳的精神，还要具备很强的阅读推广专业素养和综合素质，包括学术研究能力、组织管理能力、社交沟通能力、创新创意能力、宣传营销能力、学习写作能力和风险控制能力等。在个体开展阅读推广过程中，个体上述能力素养往往直接决定着活动的成功与否，当个体不具备上述能力素养又缺乏可靠的团队和图书馆支持时，会导致活动水平参差不齐，影响不够深远，缺乏长效机制。

第三节　高校图书馆如何构建个体阅读推广保障体制

一、转变工作理念，提高个体主体地位认识

高校图书馆不仅是学校的文献信息中心，也是区域内社会知识文化中心。高校图书馆不仅要为学校教学、科研提供保障，也要为社会大众的知识阅读需求提供服务。高校图书馆的读者不仅包括校内师生读者，也包括广泛的社会大众读者。高校图书馆阅读推广服务面向的是校内外读者，开展的活动范围不仅在校内也可以迈出校门走进社会。高校图书馆阅读推广的主体，不仅仅指图书馆员，还应该包括学校领导、其他部门、师生读者和校外相关组织和个人。阅读推广工作领导组织成员，要积极吸纳有特长、有意愿、有能力的读者代表；在活动策划过程中要积极调研读者的阅读需求，从读者的角度出发考虑活动的内容和形式；在活动组织实施过程中，要善于利用教师联盟、读者协会、青年志愿者、企业行业协会和社会名流等社团组织和个人资源，保障活动深入有效的开展，以便有效实现活动的宗旨和目标。

二、建立健全制度，规范引导个体阅读推广

健全的规章制度，可以有效规范和引导个体阅读推广发展。高校图书馆要通过加强活动规划，明确个体在阅读推广中的权利与义务，促进个体融合高校图书馆阅读推广体系。第一，高校图书馆要积极宣传阅读推广的重要性和意义，争取联合学校其他相关部门和组织，从学校层面上制定阅读推广事业规划，将阅读推广事业纳入高校文化建设“十三五”规划，并突出师生读者在阅读推广和校园文化建设中的主体地位和意义。第二，制定高校图书馆阅读推广工作规划和方案过程中，要突出师生读者在阅读推广工作中的主体地位。第三，完善阅读推广规章制度，并参照全国书香城市（县级）标准指标体系，积极培养“阅读推广人”，参与图书馆阅读推广工作。第四，完善相关工作规章制度，如完善读者协会管理

制度，通过政策、资金和资源等途径支持协会组织开展阅读推广活动，通过培训教育提升协会成员阅读推广的能力和意识；依据《志愿服务条例（征求意见稿）》，完善志愿者管理规章制度，引导、促进志愿者参与高校图书馆阅读推广活动；联合学校其他部门，完善教学和学生管理制度，鼓励师生成为高校图书馆阅读推广主体；依据《中华人民共和国公益事业捐赠法》《社会团体登记管理条例》《知识产权法》《中华人民共和国商标法》等法律，为个体开展阅读推广提供便利。第五，依据《普通高校图书馆规程》，完善图书馆社会化服务管理机制，有效促进社会读者利用图书馆资源，在此基础上积极引导、吸纳社会资源开展阅读推广活动。

三、搭建平台，凝聚力量

高校图书馆应该利用计算机网络通信技术和新媒体技术，在现有的阅读推广管理平台下打造一个统一权威的相对独立的个体阅读推广网络管理平台或独立打造一个独立的学校个体阅读推广网络管理平台，以便整合资源，凝聚力量。平台建设模式可以学校为主导，图书馆为主管，图书馆阅读推广工作组织为主办的形式运作。平台的具体功能和板块，至少应该包括以下六项内容。

1. 推广项目板块。根据个体通过高校图书馆开展阅读推广模式和形式，分门别类地设置二级板块，汇总全国范围内的个体阅读推广人、组织和项目，集中宣传介绍个体阅读推广项目，提高项目的认知度，提升个人阅读推广能力水平和综合素质。

2. 资源共享板块。整理共享图书在版编目数据、图书共享资源、开放获取资源库、已有优秀推荐书目、阅读推广经典案例、阅读推广人培训资料、阅读法律法规等资源，为个体开展阅读推广提供文献资源支持。数字化高校图书馆历年来阅读推广素材和个体阅读推广活动资料，并上传至平台以便实现资源共享。

3. 信息公告板块。主要用于发布通知公告（包括志愿者招募、会议、培训、比赛、评选等信息）和新闻报道，便于个体在阅读过程中的交流与互动。

4. 友情、合作单位板块。用于介绍中国图书学会、各省级图书情报委员会、各类型图书馆、各出版发行机构、数字和有声阅读网站、校内其他部门、志愿者组织、学生社团等相关组织信息，并提供超链接，为个体阅读推广对外交流寻求机会，寻求支援提供渠道。

5. 实时互动板块。用于介绍、链接图书馆阅读推广相关论坛、贴吧、微博、微信公众号、QQ 群等新媒体工作平台，便于个体阅读推广开展日常交流与互动，包括提出疑难解答、法律援助等活动。

6. 实践与理论研究板块。目的是集中研究总结与评估个体阅读推广活动，探讨活动未来发展方向，工作包括编制与发布《高校图书馆阅读推广年度报告》，介绍个体阅读推广活动；开展年度最佳校园个体阅读推广人物、读书会、学生社团、书香班级、志愿者等评比活动；积极创办刊发《阅读推广报》，开设专栏研究报道个体在阅读推广中的理论与实践。

全民阅读推广，力量源泉在于民众，最佳路径在于全民参与。个体在高校图书馆阅读推广过程中的地位突出，特点显著，优势明显，但需要图书馆的积极引导和扶持，才能成功构建长效的活动运行机制。从目前阅读推广发展趋势来看，主体多元化需要高校图书馆认识个体在阅读推广中主体作用，并支持其充分发挥作用；主体合作化要求高校图书馆发挥组织协调功能，整合各类阅读推广资源，推进各类主体间的深度合作；主体角色层次化要求高校图书馆阅读推广组织者与实施者分离，各主体之间应该分工明确，各尽其能。

第九章　高校图书馆有声读物阅读推广①

随着全民阅读深入开展，各类阅读推广活动呈现出泛在化特征，传统阅读与新兴媒介开始相互渗透、融合。信息技术每一次进步，更是推动了文献信息资源建设与利用方式的革新。新兴网络技术升级改造，引发了图书馆结构重大变革，图书馆资源和服务模式开始脱离传统空间结构与物理形态而存在和发展。随着互联网的发展与无线 WiFi 的不断普及，在数字化、碎片化阅读影响下，有声阅读的兴起更是打破了文本阅读对视觉的依赖，使随时随地听读成为可能，阅读主体的行为开始朝着动态、多样化方向发展。图书馆的阅读推广对象随着新兴媒介和读者阅读习惯的变革，也从纸质文献到电子文献再到移动终端进行转变和融合。120 多年前就曾有人因看到了录音文献的出现而预言将来“听书将代替看书”②，如今移动的有声读物正在逐渐被广大读者所接受和喜爱，特别是追求时尚的年轻大学生。为了满足读者的实际阅读需求，美国密歇根州立大学图书馆已经收集了包括柏特·凡谷声音数据库等馆藏超过四万多小时的有声书③,同时有学者指出阅读推广选择的读物不仅应包括书，还应包括声、光、电、磁等各类记录知识的载体④，信息技术对阅读推广具有全面促进作用，音视频服务是当前图书馆阅读

① 王德银，李明 . 图书馆有声读物资源建设及其推广［J］. 晋图学刊，2016（5）：7–10.

② 朱建亮．文献信息学引论［M］. 北京：书目文献出版社，1992：111.

③ 密歇根州立大学介绍［EB/OL］.［2018–12–21］http：//www.wendangku.net/doc/79albb9159eef8c75ebfb355.html.

④ 高校图书馆阅读推广中的新生教育书目（六）［EB/OL］.［2017–11–26］.http：//blog.sina.com.cn/s/ blog_542d9f710102vqvc.html.

推广的主要类型之一[①]。

第一节 有声读物的含义

有声读物又可称之为“听书”,英译“spoken words”“audio–books”或“talking book”。美国音频出版商协会对其定义为:“其中包含不低于 51% 的文字内容，复制和包装成盒装磁带、高密度光盘或单纯数字文件等形式进行销售的录音产品”。[②]辞海对“有声读物”的定义，即录制在磁带中的出版物，也就是人们常说的可发音的“电子书”。随着信息传递技术的不断发展，新型有声读物的内容和载体已经突破磁带、软盘和 CD 等传统介质形态，还包括电视、电台、计算机、MP3 和各种智能移动终端设备。所以淳姣等认为传统的有声读物是指过去我们在电视和广播中收听的评书，或是随书附赠的配套磁带 CD，其内容和读者较单一，如随书配套的有声读物又多以英语或少儿读物为主，读者也主要集中在像儿童、盲人等小范围内的有特定需要的人群，随着计算机技术的迅猛发展以及人们对阅读需求的不断提升，新型的有声读物应运而生，它是“以声音为主要展示形式，需存储在特定载体并通过播放设备解码载体内容，以听觉方式阅读的音像作品”[③],面向的读者也已开始大众化。2016 年 3 月,易观智库发布《2016 中国有声阅读市场专题研究报告》，报告指出“有声读物是依托网页和客户端技术，基于 PC、智能手机、平板电脑、电子阅读器、车载、可穿戴设备等阅读载体，为组织和个人提供有声读物的录制、收听和分享等阅读服务”[④]。赵俊卿认为有声读物指的是以纸质书籍、稿件为基础，通过声音把文本中原有的内容完整地、不加个人修改地表现出来的一种书籍的存在形式。它主要有两种存在方式：一种是以物

① 范并思 . 公共图书馆阅读推广的发展趋势［J］. 图书馆杂志，2015（4）：11–15.

② 赵英，赵媛．信息无障碍支持体系研究［M］．成都：四川大学出版社，2012：193.

③ 淳姣，赵媛，薛小婕．有声读物图书馆及其构建模式研究［J］．图书情报工作，2010（23）：106–110.

④ 易观国际：2016 年中国有声阅读市场专题研究［EB/OL］．［2016–4–27］.http：//www.199it.com/arch ives/453877.html.

理音频形式存在，比如说我们平时见到的点读机；另外一种则是以数字音频形式存在，例如我们在听书网站上下载到电子阅读器中的有声读物音频文件[①]。从国内外对有声读物的描述总结可以看出，无论是早期的评书、广播剧、曲艺、相声等表现形式，还是移动多媒体下的听书平台，这些都可被纳入有声读物范畴。相对于传统文献读物，有声读物不仅具有低廉的获取成本、较高的阅读效率、较低的阅读门槛、生动的阅读乐趣、便捷的获取通道等优势，还对英语、普通话等学习者有很大的促进作用，也满足了人们的碎片化阅读需求。另外，作为电子出版物的一种，有声读物与传统的无声电子书相比也有其独特的优势，例如阅读过程中的移动性、即时性、互动性、更具便利性和趣味性。

第二节　有声读物的兴起

一、国外有声读物的发展

有声读物率先兴起于20世纪30年代的美国，起初是政府专为盲人读者发起的专项服务计划。1931年，美国盲人基金会与国会图书馆建设成年盲人“有声阅读计划”，其最主要目的为在第一次世界大战中受伤的老兵和其他视障人群提供阅读材料。1986年，作为致力于促进语音音频和提供行业统计的非盈利性行业协会美国音频出版商协会（Audio Publishers Association，简称APA）成立，随即开始建立有声读物行业标准，除了一贯向阅读障碍人群提供有声阅读服务外，也开始向低幼龄儿童提供专门服务。如今，随着网络技术、新媒体技术和移动终端的发展和成熟，有声读物支持下的“听书”已经成为“娱乐化”“碎片化”阅读的重要组成部分，同时由于其较低的阅读门槛和独具特色的趣味性、便捷性、移动性等特点，也是实现全民阅读的重要途径。全球范围内，有声读物发展态

① 赵俊卿．有声读物的发展现状及其问题［J］．今传媒，2016，24（6）：40–42.

势最为强劲的是美国、英国、德国，其中以美国为最。据美国音频出版商协会官方网站历年调查数据显示：2006 年，有 24.6% 的美国人听过有声读物；2008 年，比例提升至 28%，2015 年比例已经飞速增长至 41%。[①] 有声读物出版数量也从 2009 年的 4062 种发展到 2016 年的 51000 种。2016 年，美国有声书的销售总额达到 21 亿美元，相比之下，2016 年美国出版商协会 2000 名会员的纸质精装书销售额也不过为 28 亿美元。在英国，受美国影响，如今各地都可以看到专门的有声读物书店或专柜，市场非常细化，服务也很专业。相对英美而言，德国的有声读物市场较为落后，不过有声读物的市场份额已经呈现出攀高趋势，在书店、超市、加油站等场所都能看到有声读物。

二、国内有声读物的发展

我国有声读物发展，相比西方发达国家起步较晚，初期服务范围和对象同样是儿童和残障人士等特殊群体。20 世纪 80 年代，部分少儿出版社开始生产一些随书附赠的音像制品。1990 年，南京市图书馆与南京残疾人联合会共同创办南京市盲人有声读物图书馆，通过与上海市盲人有声读物图书馆进行磁带资源交换、专业人才交流聘请等手段开始启动有声资源录制工作，有声馆藏资源不断丰富多样。1994 年高等教育出版社音像中心开始发行独立有声读物，随后其他音像出版社和文化公司陆续加入有声读物市场，但由于技术原因，有声读物只能以磁带形式出版，服务形式单一，服务渠道狭窄。进入 21 世纪以后，随着网络技术的发展，国内第一家专业听书网站“听书网”于 2003 年正式上线运行，之后各种听书网站相继涌现致力于移动听书服务，越来越多的文学作品已经被有声化，听书读者正在急速增长。随着听书市场规模不断扩大，国家新闻出版总署开始逐步加强全国有声读物出版管理工作。2007 年 3 月，为配合“4.23”全民阅读日活动，丰富阅读形式，新闻出版总署组织开展了全国重点“有声读物”出版申报工作，共有 61 家音像电子出版单位上报了 264 种“有声读物”选题，4 月通过论证、筛选，最终确定了 100 种选题入选《全国重点“有声读物”选题目录》。2011 年，中国电信与中央人民广播电台合作，推出了名为“天翼阅读”的有声阅读业务；

① 胡海燕 . 美国有声读物的发展对我国的启示［J］. 新闻研究导刊，2015，6（24）：191–191.

中国联通推出了“沃阅读”听书频道；中国移动推出了“手机阅读”频道。2015年4月，国家新闻出版广电总局更是同时和中国电信、中国联通和中国移动三大运营商在北京签署合作协议，共同举办“书香中国e阅读”推广活动，助力全民阅读。2016年，播客以每月5000小时的内容更新量成为国内最大的有声读物出版发行商[①]。随着中国有声读物和市场的不断发展，国家相关部门也从规章制度角度入手，不断对加强其管理和引导，例如：2006年，国务院颁布《信息网络传播权保护条例》，2013年，文化部发布《网络文化经营单位内容自审管理办法》；2014年首个“中国听书作品反盗版联盟”成立；2016年，国家新闻出版广电总局、工业和信息化部公布《网络出版服务管理规定》；等等。有声读物的选题出版工作和市场发展管理制度的不断完善，有力地支持和推动了有声读物的发展，也促进了图书馆有声读物资源的建设和利用。随着移动便携设备的换代升级以及4G通信技术的快速发展，移动互联网下阅读环境变得更加开放包容，越来越多的大众读者加入听书行列，阅读的选择权开始朝着多元化方向迈进。据易观智库数据显示：截至2016年，中国移动阅读市场规模达到118.6亿元，其中有声阅读市场规模在2015年的16.6亿的基础上增长至22亿左右。就用户年龄分布来看，移动阅读用户呈现年轻化趋势，就用户职业分布来看，学生占比高达28.2%，其中有声阅读用户逐渐向85后、90后人群转化[②]。

第三节　高校图书馆有声读物阅读推广举措

一、分类建设，夯实推广资源

移动互联网技术以及智能应用不断升级改造，高校图书馆线下业务正面临着

① 2016年移动有声阅读市场规模将达22.6亿[EB/OL].[2016-3-21].http://mobile.163.com/13/0329/11/8R4OG5H60011671M.html.

② 易观智库.中国有声阅读市场专题研究报告2016[EB/OL].[2017-11-26].http://www.3mbang.com/p-130453.html.

大面积萎缩局面，传统纸质文献借阅量已经呈现出下降趋势。有声读物的出现不仅保障了视觉障碍患者、文盲、低幼儿童等阅读群体权利，同时也满足了高校读者数字时代碎片化阅读需要，特别是符合大学生读者的阅读习惯和兴趣爱好。高校图书馆面对真切的有声阅读需求，在传统业务不景气的背景下，应该抓住机遇，努力建设有声资源，为阅读推广转型奠定基础。目前，高校图书馆建设有声读物资源主要有三种渠道。

（一）直接购买资源

高校图书馆通过购买途径获得的有声读物，只需要借助压缩、下载、播放技术即可使用，方便简单易操作，但在采购之前图书馆必须开展充分的调研工作，广泛征求读者资源采购意见，选择有正规渠道和有实力的资源出版发行机构进行合作，还需要对所购置的资源进行全面的甄选，确保资源的安全、健康和可靠。目前市场上有影响力的有声读物资源供应商有 EBSCO 有声读物资源服务系统，系统与全球数字内容交付领头羊 Findaway 合作，提供了读者从移动设备直接访问资源的功能。系统凭借简化的工作流和有趣直观的设计，方便读者快速简易地搜索资源，并配合其 APP 使在线聆听变得更加容易和方便。

（二）自建资源

2013 年，由教育部语言文字信息管理司制定的《中国语言资源有声数据库建设工作规范（试行）》明确了由国家语委主管，按照国家统一规划、地方组织实施、专家业务负责、社会参与建设的工作目标，为中国语言资源有声数据库建设提供了制度化保障。具备条件的高校图书馆可以依据中国语言资源有声数据库建设思路，依托区域内联盟组织，联合其他高校图书馆、公共图书馆和相关文化传媒和出版发行机构，首先做好有声资源中长期建设规划和资源调研选题工作，并通过设立录播室或有声资源制作中心，购置文字转化音频软件，以教学和公益性活动为目的，在版权许可前提下，聘请专业演播人员对原作品进行有声录播。条件欠缺的图书馆亦可充分发挥图书馆员和校内师生读者的积极性，在进行必要的专业培训基础上，利用喜马拉雅 FM 等手机软件等录播功能，立足校内教学科研需求和地方文献服务特色，有步骤地实现实体馆藏和有声数字资源的协调发展。

（三）搜集整理网络资源

为了节约资源建设成本和难度，高校图书馆在直接采购和自主建设同时，还应加强线上免费有声读物资源的整合与揭示。高校图书馆应该组织专人对互联网上海量的免费有声资源进行整理和揭示，建成特色数字资源库或资源链接。同时，还可以与图书管理系统供应商合作升级图书管理系统，改造升级 OPAC 系统，使检索结果在不仅显示文献资源的物理馆藏，还可以显示相关资源的电子资源或有声资源链接，以满足读者多元化的信息需求。此外，图书馆还可以单独设计一个多媒体点播系统，搜集免费资源并加以著录。例如，北京联合大学应用文理学院图书馆自行建设的有声读物点播系统，点播系统由硬件和软件组成，硬件部分主要包括一台稳定的服务器和一台有足够空间的磁盘阵列或网络存储，软件部分主要由 WEB 发布服务器、流媒体点播服务器、数据库软件、点播 CMS 网站管理系统、海量免费资源五部分组成[①]。

图书馆在有声读物资源建设过程中，有必要提供一个专门的资源存储空间和设施，将有声资源集中保管和利用，并对不同介质形式的有声资源进行科学分类，可参照 ISBD（NBM，即《非书资料国际标准书目著录》）和 ISBD（ER《电子资源国际标准书目著录》）等相关细则著录，重点突出有声读物的内容、播客信息以及与其相对应的纸质资源链接和相关内容链接，形成一个详尽的有声图书馆数据资源库。同时，还需要提供一个统一的检索入口，简化有声资源网站检索词中专业术语的应用，方便不同知识背景读者无障碍利用。

二、细分读者，增强用户黏合度

随着“互联网 +”进程的加速，用户的个性化需求日渐突显，线上用户族群正不断裂变，应用市场个性化定位更加精准，移动互联网开始进入精细化运营阶

① 倪申．高校图书馆有声读物点播系统的设计与实现［J］．信息通信，2013（5）：91–92.

段。2016年1月，易观智库发布《中国移动互联网用户分析2016（简版）》[①]显示：2015年移动互联网APP月均活跃用户覆盖率TOP10中前两名为腾讯旗下微信和QQ产品，覆盖率分别达到87.9%和65.8%，移动互联网技术在满足多元化个性体验的同时，已将大批潜在线下用户粘合成最忠实的线上应用拥簇者。从中国新闻出版研究院历年发布的《国民阅读调查报告》可以看出，我国国民人均阅读量较世界其他国家仍处于偏低水平，纸本图书阅读量增长缓慢。有声读物的兴起和发展，不仅突破了传统阅读对视觉的依赖，而且使学习阅读能力不足和有阅读能力却无时间的群体都能随时随地“听读”。因此，高校图书馆应顺势而上，针对不同的师生读者专业背景和知识需求，分门别类制作符合不同类型读者阅读需求的内容，细分有声读物的受众群体。

一般来说，高校图书馆举办听书活动的主要对象有两种：第一种为学生，第二种为教师（包括所有职工），其中教师群体中可以再将科研工作者单独列出。高校图书馆应该根据不同类型的读者，有针对性地推送有声资源。例如加强与学生组织和教学院系之间是合作，在充分调研大学生学习特点和阅读习惯的基础上，根据年轻人的阅读喜好进行有声读物推送；年长的教师读者，由于繁忙的工作和生活，对有声读物这类新生事物接触较少，接受能力也较弱，但是对本专业知识学习和评书、故事连载、人物传记、亲子阅读类文献有着浓厚的兴趣，图书馆可以通过简化听书的流程方式，推送相关有声读物。同时，图书馆应该主动调整服务策略，在满足线下用户阅读需求的同时，拓展线上潜在用户族群，建立线上有声资源库分值评价机制，将有声资源优劣评价权交予读者，增强线上用户的体验度和黏合度，吸纳更多具有“听读”需求的潜在受众读者参与阅读推广活动。

三、加强合作，实现跨界推广

云计算、大数据、“互联网+”的到来，以信息技术为核心的新一轮技术革命正在形成。随着线上用户的不断积聚增长，对潜在用户的挖掘已经成为各方竞

① 易观智库.中国移动互联网用户分析2016（简版）[EB/OL].[2016-01-21].http://www.analysys.cn/article/analysis/detail/15961.

争的热点。相对于高校图书馆，商业性有声读物平台“重利益，轻公益”的经营理念使其能够更加灵活地调整线上合作策略而成功跨界融合。2014 年，酷听听书瞄准听书行业发展融合趋势，通过获得有声视听文化委员会管理资质认证，成立有声行业首个战略联合集团——听书联盟，先后与澄文中文网、中信出版集团等数十家内容资源方达成全线战略合作，全面实现了内容、资源及渠道方面的行业聚合。2015 年 2 月，中信出版集团选择酷听听书作为战略合作平台，为其提供文字作品正版版权，再由酷听听书将其文字作品录制成高质量的有声作品，同时针对热门书籍，开创了同一本书以“看 + 听”两种模式同时出版，为用户的阅读提供了多种性选择。

与线上应用市场火热相反，线下的图书馆传统业务正面临着大面积萎缩，在服务转型的驱使下，高校图书馆应积极主动地谋求变革与发展，以适应数字化技术带来的挑战。高校图书馆可以在平衡公益性与商业性冲突的基础上，积极尝试开展校内外跨界合作，在有声资源建设和服务推广上除继续争取学校和政府的财政支持外，还应不断挖掘潜在读者个性化特色，线上加强同听书平台、广播电台合作，并通过按需引进优质有声资源，优化馆藏结构，满足不同群体的阅读需求。例如：吉林大学图书馆不仅与校内读者及相关部门合作，还积极与百度、喜马拉雅 FM 等平台合作，创建“白桦书声”校园朗读分享平台，充分利用校内外资源开展了富有成效的“听说”活动，深受读者欢迎①；武昌理工学院图书馆联合盛大天方，推出“读 100 本好书——博学实训”专栏，读者通过登录图书馆网站试用资源“天方听书”即可收听、下载有声读物②。

四、借势营销，创建品牌活动

借势营销手段来提高活动影响力和知名度，已经成为互联网经济时代各方发展的共识。高校图书馆除自身拥有丰富的实体和虚拟文献资源外，还是人们心中高校和高校图书馆是知识的殿堂，是学习的圣地，是一个具有无限价值的文化

① 首届全国高校图书馆服务创新案例大赛——案例汇报内容［EB/OL］.［2017-11-21］.http://conference. lib.sjtu.edu.cn/rscp2015/download.html.

② 丁洪玲 . 关于建设“有声读物”的调研与策划构想［J］. 兰台世界，2016（12）：70-72.

品牌。借助营销手段将线下实体馆藏与线上虚拟资源有机结合，广泛开展线上线下联动服务，是推动高校图书馆阅读推广活动由传统向数字化、智能化转型的必然选择。有声读物资源建立不仅能够缩短多元化阅读差距，更能满足图书馆读者随时随地阅读的需求。在有声读物营销推广工作方面，公共图书馆比高校图书馆起步较早，实际取得的效果也较为显著。例如，在“政府引导建设，用户免费使用”原则指引下，2012 年“云图 · 公共数字有声图书馆”与“深圳读书月”合作开展“图书漂流”合作，在地铁站等公众场合放置听书设备供市民扫码下载，每天突破六七万人次下载量，20 万张体验卡亦是供不应求，有声读物推广活动的尝试也引起了众多主流媒体的跟踪报道和广大读者的目光和关注[①]。

品牌建设是资源推广中最好的催化剂，无论是美国音频出版商协会发起并享有音频奥斯卡之誉的有声书大奖“奥迪奖”(Audie Awards),还是德国的以科隆 · 西部德国 · 广播电台(WAD— Westdeutscher Rundfunk Koeln)为主要赞助商的“WDR 德国有声读物年度奖项”，都是通过营销手段创建品牌活动，促进了有声读物资源建设和市场发展。纵观国内高校图书馆，在有声读物建设利用过程中，不仅存在思想观念落后，资源建设不足、空间设施欠缺等问题，在工作服务机制和宣传推广等方面也存在着诸多问题。随着移动听书已经成为一种新的阅读潮流，国内各大听书线上商业平台纷纷致力于移动听书业务的发展，利用其独特有声内容和出版平台与作者、播客三方签约，使有声资源制作和有声读物品牌效应初见成效。面对新的阅读需求，高校图书馆应该主动参与有声资源建设，广泛开展宣传推广活动，在活动过程中要善于运用营销策略，创建活动品牌，充分发挥有声读物在满足读者阅读需求过程中的独特优势。例如：台湾大学图书馆设置 Music Bay 音乐聆赏系统，为读者提供多元化的音乐曲目，并增加影音在线多媒体服务系统，为全校师生提供不受时空限制的视听服务[②]；青海大学等多家高校图书馆，通过装置和推广有声读物智能点播终端，成功吸引了大量读者的关注，同时高质量的有声读物又让读者享受到美妙的听觉盛宴，一时间“听书”场景及其终端系统变成了校园内一道美丽的风景线，也成为院校文化建设的品牌活动。

① 焦雯 . 云图 · 公共数字有声图书馆让真正的全民阅读成为可能[N]. 中国文化报，2013–11–4(004).
② 陈丽云 . 新媒体时代图书馆立体阅读推广策略研究［ J ］. 河北科技图苑，2015（ 3 ）：46–48.

第十章　高校图书馆新媒体阅读推广

第一节　新媒体与高校图书馆阅读推广

新媒体涵盖了所有数字化的媒体形式，包括所有数字化的传统媒体、网络媒体、移动端媒体、数字电视、数字报纸杂志等。它是一个相对的概念，是报刊、广播、电视等传统媒体以后发展起来的新的媒体形态，包括网络媒体、手机媒体、数字电视等。新媒体亦是一个宽泛的概念，是利用数字技术、网络技术，通过互联网、宽带局域网、无线通信网、卫星等渠道，以及电脑、手机、数字电视机等终端，向用户提供信息和娱乐服务的传播形态。新媒体产业联盟秘书长王斌说："新媒体是以数字信息技术为基础，以互动传播为特点、具有创新形态的媒体。"[①] 通常将"新媒体"这一概念作两种界定，即广义与狭义。广义的"新媒体"是指通过运用网络数字技术及移动通信技术，以无线通信网、宽带局域网、卫星和互联网等为渠道，以手机、电脑、电视作为最终输出终端，向使用者提供语音数据、音频、在线游戏、远程教育、视频、音频等合成信息及娱乐服务的全部新型传播形式与手段的总称。狭义的"新媒体"是指以其形式丰富、互动性强、渠道广泛、覆盖率高、精准到达、性价比高、推广方便等特点，在现代传媒产业中占据越来越重要的位置。新媒体的"新"主要体现在以下三个特点：数字化，即数字化的传播方式；互动性，即双向性的信息传播；个性化，即信息传播与收阅的个人化[②]。

① 新华网．新媒体［EB/OL］．［2010-06-11］.http：//news.xinhuanet.com/eworld/2010-06/11/c-12209567.htm.

② 王婉妮．网络新媒体特点及其现状分析［J］．今传媒，2014（12）：123-124.

《新媒体联盟地平线报告：2017 图书馆版（纲要）》[①]显示，图书馆采用新技术在资源建设和服务过程中的“长期发展趋势”包括与利益相关者建立合作关系实现跨机构合作，信息交流的范围将包括交互性程序、各类非最终研究成果和网络交互信息等领域，记录形式也从印刷记录转变为数字记录，从纸质资料扩展到研究数据集、计算机系统模型、实验笔记本等，如学术成果认证可通过 Pub-Pee 等信息平台在线实时完成，研究人员在同行评审平台上通过数字对象标识符（Digital Object Identifier）发表研究成果，这些变化都将对信息记录形式产生深刻影响；“中期发展趋势”包括图书馆用户角色嬗变，即从被动接受的文化消费者变为主动参与制造内容的创造者，图书馆通过用户原创内容（UGC）的模式鼓励用户撰写博客、发表评论、分享图书等方式参与数字资源生产，图书馆将更加注重关注用户需求，通过提供针对性知识服务和技术工具服务等手段提升服务水平；“短期发展趋势”包括重视用户体验，很多图书馆借鉴商业网站的经验，将注意力更多地放在设计高质量的用户体验上，如美国密歇根大学图书馆在对学校网站界面设计、用户研究、可用性评估和可访问性等问题进行深入研究基础上，了解用户喜好，创新服务模式，一方面使得数据库和网站更易于浏览，研究内容更易被找到，另一方面也吸引了更多新读者。

在 Web2.0、Lib2.0 和 Read2.0 时代下和阅读媒介数字化背景下，读者阅读行为的变化主要体现在阅读方式、阅读对象、阅读结构和阅读规模属性四个方面，其中阅读方式将从固定场所转变为不受时空限制的自由、移动的数字化阅读；阅读对象将以纸质载体为主转变为纸质载体和数字载体、新媒体载体并驾齐驱；阅读结构将从整本文献为主转变为整本文献和碎片化新媒体阅读齐头并进；阅读规模属性将从个人阅读转变为社会化阅读。总体上，读者获取信息、积累知识的方式已经由被动接受转为主动探索。2017 年，中国新闻出版研究院发布的第十四次全国国民阅读调查报告显示，有数字化阅读行为的成年人中近九成为 49 周岁以下人群，另外在成年人中，18~29 周岁群体的手机阅读接触率最高，为 92.8%[②]。所以高校图书馆在开展阅

① 朱志伟 . 新技术环境下图书馆发展趋势与挑战——基于《新媒体联盟地平线报告：2017 图书馆版（纲要）》的启示［J］. 情报资料工作，2017，38（2）：83-89.

② 第十四次全国国民阅读调查报告出炉：2016 年人均阅读 7.86［EB/OL］.［2017-04-18］. http：//book.sina.com.cn/news/whxw/2017-04-18/doc-ifyeimqy2574493.shtml.

读推广过程中一方面，要加强数字资源和数字图书馆的建设；另一方面，要丰富阅读推广活动形式和手段，提高活动效益，其中又以注重应用新媒体技术为主要趋势之一。新媒体具有内容丰富、资源开放、操作便捷、灵活互动等特性，它不仅改变了大众读者的阅读行为和方式，给图书馆工作和阅读推广服务也带来了巨大的挑战，同时也带来了前所未有的创新发展和转型升级的机遇。

第二节　高校图书馆新媒体阅读推广研究背景

一、高校图书馆新媒体阅读推广实践

为“推广阅读文化，弘扬大学精神”，2015 年 10 月，首届全国高校图书馆阅读推广案例大赛总决赛顺利举办，大赛收到来自全国各地 180 多所高校图书馆的 456 个经典案例。大多案例来自“985”高校图书馆，同时也有案例来自一般本科学校和高职高专类高校图书馆。大多数案例中，或多或少地都应用了新媒体技术,得到了专家评委的普遍认可,并在实际活动中取得了很好的效果,详情见《首届全国高校图书馆阅读推广案例大赛新媒体应用情况统计表》[①]。另外，获 2012 年第 10 届 IFLA 国际营销奖第一名的清华大学图书馆的“爱上图书馆”系列短剧，通过图书馆主页、优酷网、酷 6 网、新浪微博等平台进行宣传，深受用户欢迎。特别是 2011 年微信的推出，其便捷的服务手段和庞大的用户数量迅速吸引了高校图书馆的关注。据相关研究显示，截至 2015 年 7 月 25 日，已开通微信公众号的“985”高校图书馆共计 31 所，占总数近 80%[②]，如今全国大多数高校图书馆已经开通了微信公众号，旨在传递服务信息和搭建用户沟通平台。

① 首届全国高校图书馆服务创新案例大赛——案例汇报内容［EB/OL］.［2017-11-21］.http：//conference. lib.sjtu.edu.cn/rscp2015/download.html.

② 万慕晨，欧亮 . 基于微信公众平台的高校图书馆阅读推广效果实证研究［J］. 图书情报工作，2015，59（22）：72-78.

表 2　首届全国（部分）高校图书馆阅读推广案例大赛新媒体应用情况统计表

报送单位	案例名称	奖项	新媒体应用	效果
四川大学图书馆	光影阅动——微拍电子书	一等奖	微视频拍摄、百度贴吧、官方微博微信、人人网、优酷网、移动图书馆	数字资源使用率逐年提升，数字阅读已融入大学生的日常学习和生活。
清华大学图书馆	读有故事的人，阅会行走的书——“学在清华·真人图书馆”交流分享	一等奖	文科馆微博、文科馆人人网公共主页、清华大学新闻网、新华网、搜狐网	活动被纳入清华大学《文化素质教育》课程，成为清华大学本科教育的有机组成部分。
上海交通大学图书馆	鲜悦（Living Library）：以人为书，分享智慧	一等奖	图书馆主页、鲜悦主页、校主页、图书馆官方微博微信、合作方微博微信、交大微矩阵、朋友圈、同去网、人人网、交大 BBS	促进真人阅读与传统阅读相结合，已经成为交大“书库”的一系列优秀品牌“书架”，荣获学校 2013 年文明创建特色项目。
北京大学图书馆	“书读花间人博雅”——北京大学图书馆 2013 年好书榜精选书目 / 阅读摄影展	一等奖	线上社交媒体同步微展览	读者好评如潮，入馆率激增，好书阅读量大幅提升，受邀去外校展览。
武汉大学图书馆	《拯救小布之消失的经典》——2015 武汉大学读书节经典名著在线游戏	一等奖	图书馆微博、微信、主页、游戏专题网站、二维码	参与人数最多、参与院系覆盖最广、读者满意度最高的活动，美国芝加哥大学的学生主动联系图书馆，希望合作开发经典阅读推广游戏。
天津财经大学图书馆	“书与剧的碰撞，你与我的思扬”话剧比赛	一等奖	线上投票评选	相关名著阅览量和借阅量显著提升。
重庆大学图书馆	“以书评促阅读”的系统化推广案例	二等奖	书评系统、新浪微博、我的书斋、虚拟书友会	丰富了书评数据库，促进了馆藏借阅，提高了活动读者参与度，保存了读者阅读记忆。
中原工学院图书馆	“阅读学”的教育与探索	二等奖	OA 办公系统推送好书、书香校园网站、视频讲座	有机开展校园阅读推广活动，有力推动校园阅读文化建设，有效强化校园文化建设。

续表

报送单位	案例名称	奖项	新媒体应用	效果
江西师范大学图书馆	“一站到底·名著阅读”知识竞赛	二等奖	图书馆官方微信公众平台、图书馆官方网站、微信平台报名系统、移动下载“歌德电子书阅读器”	吸引了众多读者的眼球，让更多的读者走进了图书馆，提高了馆藏资源的利用率。
南京邮电大学图书馆	培养阅读情意　建设书香校园——以导读性馆刊《书林驿》为平台的书香校园建设	二等奖	电子版、手机版《书林驿》、微书评	以《书林驿》为平台的阅读推广常态化，人文社科类图书（不含语言文字类）借阅量比重不断上升。
吉林大学图书馆	“白桦书声”校园朗读分享平台	三等奖	百度“白桦书声”、吉林大学图书馆官方微博（白桦书声校园朗读播客）、喜马拉雅 FM（白桦 FM）	学生从被动的参加人转变为主动的策划者和组织者。
三峡大学图书馆	三峡大学大学生讲坛	三等奖	微博、微信、网络电视	实现了大学生讲坛，大学生自己的“百家讲坛”。
湖南理工学院图书馆	《湖说》：新媒体阅读推广练手记	三等奖	南湖社区官方网站电子杂志承载平台、官方腾讯博客、官方微信公众平台、南湖社区专属 APP	新技术应用，读者兴趣盎然；熟能生巧，开阔视野，就业更自信；新平台结识新朋友，形成新资源结构。
西南政法大学图书馆	《法府书香》——深度阅读结硕果	三等奖	PC 电子版、微博、微信版《法府书香》	提倡了深度阅读，发动了学生读者，满足了读者需求。

二、高校图书馆新媒体阅读推广理论研究

（一）国外相关研究

国外专门性的阅读推广研究相对较少，专门探讨利用新媒体技术开展阅读推广活动的文章也不多，但总体上学者们早就意识到新媒体技术对高校图书馆服务工作的影响和冲击，几乎一致认为高校图书馆应该积极尝试运用新媒体技术升级传统阅读服务，以提高服务质量和水平。例如：恩赖特（B.J. Enright）1972 年就

梳理了新媒体及其与图书馆之间的关系，以及图书馆员对新媒体积极的和消极的两种态度，指出随着新的非书籍媒体的迅速发展，对收藏利用传统媒体资源的图书馆来说是个巨大的挑战，认为图书馆应该尝试应用新媒体技术促进图书馆的发展①。蒙特（Madeline Mundt）等认为，随着新的信息技术的快速变化，图书馆已经超越了原来的功能，成为一个互动的学习环境。高校图书馆必须利用共享、交流和搜索工具吸引学生和教师②。曼索·罗德里格斯（Manso–Rodríguez）等分析了读者行为和技术工具在图书馆员、作者和读者之间建立联系的趋势，总结了西班牙一些图书馆和相关机构在阅读推广中应用的相关技术工具，指出网络环境下书友会应充分利用博客、社交网络等新媒体以便提高活动的吸引力和关注度，同时实现阅读和知识共享的目的③。丽莎·马丁（Lisa Martin）等讨论了如何使用基于网页的游戏作为宣传工具，提出了适用于大学图书馆的一种实用的、以价值为导向的方法，即开发信息素养游戏并用于宣传推广④。

（二）国内相关研究

国内关于新媒体应用高校图书馆阅读推广工作的研究成果颇为丰硕，学者们普遍认为包括新媒体在内的各种新技术的发展，对高校图书馆阅读推广工作既是挑战更是机遇，图书馆应该积极主动迎接挑战抓住机遇，利用新媒体技术丰富阅读推广活动内容和形式，提高活动参与度、满意度和有效度。谢蓉等（2009）提出，随着电子阅读的迅速发展和纸质阅读逐年下降，图书馆要继续保持阅读大本营的地位，需要积极运用阅读 2.0 理念，探索新的阅读推广方式，如与读者互动、与“豆瓣”双向互检的 OPAC2.0 的运用，海量信息的整合及一键搜索，众多 Web2.0 工具的混搭，以便有效地开展图书的宣传推广，提高图书馆和资源的利用率⑤。新

① Enright, B. J. New Media and the Library in Education.［J］. Audiovisual Aids，1972：162.

② Mundt M，Medaille A. New media，new challenges：The library and multimedia literacy in higher education［J］. International Journal of Technology，Knowledge & Society，2011，7（2）：49–60.

③ Manso–Rodríguez，Ramón–Alberto. Read，comment，share! Promoting reading and social technologies［J］.Transinformação，2015，27（1）9–19.

④ Lisa Martin，Will Martin. Modifying an information Literacy game for outreach events［J］.Reference Services Review, 2015,43（4）：643–655.

⑤ 谢蓉，张丽 . 阅读 2.0：新一代的图书馆阅读推广［J］. 大学图书馆学报，2009，27（6）：16–20.

媒体时代，高校读者获取信息的渠道和阅读方式都发生了改变。针对这种情况，高校图书馆应顺应新媒体阅读的特点，通过建立阅读推广长效机制，实施与新媒体相适应的阅读推广活动[①]。新媒体阅读的出现，改变了大学生的阅读习惯，对高校图书馆阅读推广工作带来了新的挑战。高校图书馆应从馆内、网络和馆外三个角度探讨新媒体阅读推广策略[②]。王彦力等（2016）分析了北京大学、重庆大学、四川大学等高校的图书馆的一些精彩的阅读推广案例，总结出以多媒体技术、新媒体平台、大数据推广理念、游戏式推广、业务流程再造为支撑的五种基于信息技术的阅读推广模式[③]。董妍（2016）认为，随着新媒体的蓬勃发展，高校图书馆应积极转变传统观念，借助于软件系统，融合图片、音乐、文字等形式，从读者角度出发，以实时、便捷、开放、互动的方式进行宣传推广，同时采取主题阅读形式，树立阅读推广品牌，进行有效性评价，加快数字图书馆建设等有效措施，营造书香校园的文化氛围[④]。

微博、微信作为新媒体的代表，在高校图书馆阅读推广工作中目前是效果最好的、使用最普遍的新媒体技术，但依然存在着进一步的发展空间。郭文玲（2015）对 10 所高校图书馆的微博概况、微博阅读推广内容、微博阅读推广体系进行统计比较，发现微博缺少主题化的“微语录”、缺少条理化的“微话题”、缺少个性化的“微推荐”、缺乏一体化的“微体系”等问题，提出图书馆要明确微博阅读推广理念、建立一体化微博阅读推广体系、设置条理化阅读推广话题、打造形象化阅读活动直播平台、创建有温度的阅读推荐平台、形成主流化的阅读热点引导平台、建设创造性的阅读交流分享平台[⑤]。万慕晨和欧亮（2015）通过调研发现目前“985”高校图书馆微信阅读推广效果参差不齐，提出应着力加强平台宣传、重视读者需求、保证信息质量、明确服务重点[⑥]。

---

① 吕振任 . 高校图书馆新媒体阅读推广服务的思考［J］. 梧州学院学报，2014（3）：62–66.

② 汪丽萍 . 浅谈高校图书馆新媒体阅读推广策略［J］. 图书馆研究，2014，44（6）：55–57.

③ 王彦力 . 以信息技术为支撑的阅读推广模式研究［J］. 大学图书馆学报，2016，34（4）：30–35.

④ 董妍 . 新媒体下高职院校图书馆阅读推广工作的思考——以天津滨海职业学院为例［J］. 天津商务职业学院学报，2016（3）：84–86.

⑤ 郭文玲 . 基于微博平台的图书馆阅读推广比较研究［J］. 图书馆工作与研究，2015（2）：85–90.

⑥ 万慕晨，欧亮 . 基于微信公众平台的高校图书馆阅读推广效果实证研究［J］. 图书情报工作，2015，59（22）：72–78.

第三节　高校图书馆新媒体阅读推广策略

一、提高馆员认识，搭建活动平台

根据实践经验和新媒体自身特点和优势，合理应用新媒体技术丰富阅读推广活动内容和形式，将有效提升活动宣传及整体效果。由于工作思想观念和新媒体技术应用经验不足等原因，目前高校图书馆应用新媒体技术开展阅读推广活动的广度不够，部分高校图书馆仍然有意无意地坚持传统模式开展活动。另外，部分高校图书馆利用新媒体转型阅读推广活动的深度也不够，仅仅通过图书馆官方网站和微博微信等平台，将活动信息简单粗犷地予以宣传，并没有对活动进行全程性、立体化的深入宣传报道，也没有将新媒体技术和理念深入应用到整个活动的组织实施过程中。

面对新的信息传播技术变革带来的挑战和机遇，高校图书馆应该与时俱进、解放思想。首先，加强工作顶层设计。要树立积极应用新媒体技术和方法的工作理念，加强新媒体阅读推广服务模式的整体规划，基于不同技术和手段，自主开发管理独立的图书馆门户网站，然后有步骤有计划地开展数字资源阅读推广、移动图书馆推广和电子阅读器借阅推广等工作，逐步将新媒体技术和理念融合整个活动，以便提升活动效益。其次，加强内部宣传和培训工作。新媒体时代背景下，信息传播方式、渠道和内容的急剧转变，对于图书馆员来说也是一种新的工作环境。高校图书馆要组织开展面向内部员工的专门性的新媒体概念和应用宣传和培训工作，确保图书馆员首先具备新媒体应用能力，做到图书馆员内化于心外化于行的新媒体工作状态。再次，加强活动平台的搭建。高校图书馆应该根据自身的实际需求，开发、利用相关新媒体阅读推广平台，并加强与校内各部门之间的合作，建立一体化的活动平台体系，借鉴新浪微博、腾讯微博、搜狐新闻客户端在阅读推广新媒体平台的搭建过程中强调的“活动矩阵概念”，即通过新媒体平台具有的信息无缝推送、同步等功能，使高校图书馆与各部门之间在开展阅读推广活动中形成统一的网络表达出口，使活动变一家“独唱”为大家“合唱”。

二、全面建设资源，加强读者宣传工作

馆藏数字和新媒体资源，是图书馆新媒体阅读推广工作的基础条件之一。高校图书馆要大力实施图书馆资源数字化，转变资源的利用方式，提高资源的利用率。大英图书馆为了方便读者利用新媒体品味经典，提高经典文献的利用率，于2011年开始数字化馆藏19世纪的经典文献资源6万多册，读者可以通过iPad等阅读工具免费下载阅读。同时，高校图书馆需要组织专门机构配置专业人员，加强网络资源的整合和揭示，对网络资源进行下载或链接，建立个性化的特色资源服务平台和资源库，方便读者通过新媒体技术利用数字资源。

正如凯文·凯利（Kevin Kelly）所说，在数字时代，图书并没有死，只是换了一种活法。数字时代下，图书馆阅读推广的形式也将随着新媒体技术的应用变得更为丰富多彩。相对于传统的阅读推广活动形式，新媒体阅读推广活动更容易吸引大学生的关注，也更容易被大学生接受，因此高校图书馆必须大力宣传、引导读者接触和接受新形式的资源和推广活动。同时，虽然网络时代新媒体阅读环境下读者的信息获取渠道多样、信息获取数量极为丰富，但网络数字资源也存在信息质量良莠不齐和信息泛滥、信息鸿沟、信息安全、知识产权等问题，读者的新媒体阅读素养亟待加强。正如美国学者约翰·奈斯比特（John Naisbitt）在《大趋势》中所说：“大量但无序的信息，不仅不是资源反而是灾难。”所以高校图书馆应该通过开展信息检索与利用教学、组织新生入馆教育、举办新媒体阅读能力提升培训会等活动，引导师生读者开展新媒体阅读，提高师生读者新媒体阅读能力和兴趣。如今欧美许多国家都已陆续在学校教育中开设新媒体阅读素养课程，其中美国将“阅读优先计划”作为国家政策，并强调新媒体阅读及素养的重要性。清华大学图书馆的“读有故事的人，阅会行走的书——‘学在清华·真人图书馆’交流分享”活动也已被纳入清华大学《文化素质教育》课程，成为清华大学本科教育的有机组成部分。

三、加强经典阅读推广和新媒体阅读推广的融合

美国作家尼古拉斯·卡尔（Nicolas Carr）在《Google是否让我们越来越傻》一文中说:“人类是否正在失去阅读经典的能力,甚至是失去阅读一篇长文的耐心,有的只是零碎的片段以及习惯这些零碎片段的记忆和阅读习惯。”美国历史学教授西奥多·罗斯扎克（Theodore losacke）在《信息崇拜》中说:“信息，到处都是信息，唯独没有思考的头脑”。碎片化阅读和浅阅读，不仅不利于读者汲取经典文献的知识养分，也是图书馆员对开展数字化阅读推广担忧和困惑的原因。如何既借助于新媒体优势提高阅读推广的吸引力，又能有效防止大学生阅读的碎片化和肤浅化，需要高校图书馆有效地将经典阅读与新媒体联系在一起。一方面，阅读内容的质量和建设，是提高读者阅读品味的基础。高校图书馆要开发数字化的经典文献资源,并通过新媒体和网络向读者推送,如武汉大学图书馆创建了“珞珈风范——武汉大学名师库”，全面收录了各个时期的武大名师相关资料，读者随意点开一位名师，即可出现该名师的个人传记、笔耕档案、影像故事、社会记忆等板块内容，在板块内又配有丰富的档案文献资料或链接，链接不仅提供馆藏信息还提供了“读秀”全文在线阅读功能。另一方面，合理的阅读推广策略和内容，是引导读者进行经典阅读的保障。高校图书馆应该整合各种媒体技术，开展多元化、立体式的阅读推广活动促进读者进行经典阅读，如台湾地区出版人郝明义策划的“经典3.0”阅读推广活动，除了文字，还采用讲座、图像、影像等多种方式使阅读立体、生动。同时，浅阅读和深阅读两者之间并非不能共存，二者有着各自的特性和优势。高校图书馆应该通过微书评、在线游戏等浅阅读活动吸引读者阅读兴趣，再通过合理的方法引导读者进行深阅读。武汉大学图书馆开发经典名著在线游戏，引导大学生对经典名著的深思和研究，有效促进大学生的经典阅读兴趣和能力；天津财经大学图书馆通过话剧比赛活动引导大学生进行深阅读，有力促进了图书馆相关名著文献的利用率等；北京大学图书馆利用其官方微博、微信推出的“一书一图一介绍”网上微展览,每天在线推出一段短文配上图片,符合大学生的阅读习惯，也能有效促进相关经典文献的借阅率；南京师范大学图书馆官网上的“馆藏精选图书推介”栏目中，有一个“特别推荐”子栏目，该栏

目根据大学生关心的热点问题和专业特点，搜集馆内与此相关的图书资源，制成专题，向读者推介。

四、加强传统阅读推广和新媒体阅读推广的融合

随着阅读推广活动的不断深入和新媒体技术的不断发展，面对以大学生为主要对象的高校图书馆阅读推广活动，将更多的应用或依赖互联网和新媒体技术。然而传统模式下的阅读推广活动也有体验性强、短期影响大、监控方便等自身优势，所以未来传统阅读推广和新媒体阅读推广将各自发挥优势，两者将相辅相成共同发展。同时，高校图书馆阅读推广有时是一系列不同主题的活动，有时又是同一主题一系列不同内容形式的活动，在这种情况下，新媒体和传统阅读推广活动形式也将更容易互相借力发挥各自特点。南京信息工程大学图书馆为纪念中国人民抗日战争暨世界反法西斯战争 70 周年开展了以“勿忘国耻，以史为鉴，面向未来，振兴中华”为主题的阅读推广活动，利用图书馆 LED 大屏，举办了纪念中国人民抗日战争暨反法西斯战争胜利 70 周年图片、图书展；同时还举办了“勿忘历史，重读经典”经典书籍展示会，并根据相关资料准备了 300 个竞赛答题，以网络答题的方式与读者互动，吸引了众多读者的参与，取得了很好的效果[①]。另外，根据高校图书馆阅读推广发展趋势，图书馆总体策划牵头的角色定位可能将进一步转变和明确，活动将越来越多地发挥读者的主观能动性，特别是大学生读者参与活动的积极性和创造性，而大学生则更愿意利用互动性强、个性化强的新媒体开展活动。吉林大学图书馆充分调动了学生开展活动的积极性和主动性，创建“白桦书声”校园朗读分享平台，让学生从被动的参加人转变为主动的策划者和组织者，利用新媒体开展阅读推广活动。

① 周莲云 . 新媒体环境下图书馆阅读推广策略研究［J］. 晋图学刊，2016（1）：40–42.

第十一章　高校图书馆阅读推广口碑营销策略探析

2005年，OCLC一份报告中显示：89%的大学生进行信息检索时首先选择搜索引擎，而只有2%的大学生选择图书馆网站①。中国新闻出版研究院发布第十四次全国国民阅读调查报告显示，2016年我国成年国民数字化阅读（网络在线阅读、手机阅读、电子阅读器阅读、Pad阅读等）方式的接触率为68.2%，较2015年的64.0%上升了4.2个百分点②，自从2014年开始已经连续三年超过纸质阅读，而且比率差距越来越多。作为校园文化信息中心的高校图书馆，已经不再是大学生获取信息的唯一渠道，甚至已经不是信息获取的主要渠道。面对数字信息技术的挑战和大学生阅读率下降的现象，图书馆一面加强数字资源建设和使用，一面提供活动化阅读推广服务，旨在促进资源利用率和图书馆使用率。多年来，高校图书馆开展了大量的阅读推广时间活动，并不断尝试应用其他学科领域的知识来提升活动效益，尽管通过各种营销技术和手段开展阅读推广，也取得了一定的成绩和进步，但总体效果不甚理想。早在2006年，以法耶尔法科夫（Fialkoff）为代表的学者就认为图书馆地位的丧失，在很大程度上是因为它们在营销上的失败③。如何成功借助营销手段提升活动效益，创建品牌活动，并建立维系品牌的长效机制，已经成为高校图书馆阅读推广活动中亟待解决的问题之一。

① Perceptions of Libraries and Information Resources（2005）[EB/OL]. [2017-11-13] .http：//www.oclc.org/reports/2005perceptions.en.html.

② 第十四次全国国民阅读调查报告出炉：2016年人均阅读7.86 [EB/OL]. [2017-11-13]. http：//book. sina.com.cn/news/whxw/2017-04-18/doc-ifyeimqy2574493.shtml.

③ Fialkoff F. commentary-EOITORIAL-What's so Bad About Books? [J] .Library Journal，2006，131（1)：8-9.

第一节　图书馆营销与口碑营销

一、图书馆营销

由于"营销"带有营利性惯例思维，国外图书馆管理学中的"Marketing"一词，在国内一般被翻译成"宣传推广"。相比较，高校图书馆在向读者推销图书馆服务的历史远远落后于公共图书馆。随着高校图书馆阅读推广工作的不断深入，为了提升活动效益，建立活动品牌，阅读推广营销化已经成为发展趋势之一。图书馆营销（Library Marketing）源于营销（Marketing）。根据杰罗姆·麦卡锡（Jerome Mccarthy）在《基础营销学》中的定义："营销是指某一组织为满足顾客而从事的一系列活动。"①在当代图书馆学研究中，图书馆营销是图书馆整体工作的一部分，它不仅是宣传推广活动，还包括探寻满足用户需求的支点、构建与用户群体的稳定关系、持续性的用户交互等要素，是图书馆实现服务、资源贴合需求的内外部良性循环及社会效益最大化的重要业务过程②。2008 年，曾尔雷提出营销是组织和个人对产品或服务双向沟通的行为，现已成为图书馆提升服务效益和资源效益的一种全新理念和方法③。2011 年，谢梅英和沈丽英在研究中开始提及运用品牌意识统领阅读指导工作④。为了奖励开展具有创造性、以业绩为导向的市场营销项目或活动机构，增强图书馆实施营销活动的兴趣和能力。IFLA 管理与市场营销委员会于 2001 年起设立国际营销奖（IFLA International Marketing Award），至今已举办 14 届赛事，为了扩大影响范围近期又将汉语和阿拉伯语等共 7 种语言设为官方语言。目前，在图书馆营销方面，IFLA 国际营销奖是影响力最大的、认可度最高的一个奖项，唯有英国图书馆与情报专家学会（以下简称"CILIP"）的"公

① William D. Perreault，Jerome E. McCarthy–McGraw–Hill Basic Marketing：A Global–Managerial Approach［M］.Dallas：Mc Graw Hill，2001.

② 张汝昊，傅文奇 . 效能视角下的图书馆营销研究——以 IFLA 国际营销奖项目为例［J］. 图书馆论坛，2017（8）：1–8.

③ 曾尔雷 . 美利坚大学图书馆营销活动及其启示［J］. 情报理论与实践，2008（1）：158–160.

④ 谢梅英，沈丽英 . 用品牌意识统领读者阅读指导创新服务模式［J］. 图书馆理论与实践，2011（12）：22–25.

共关系与公共宣传奖”可与之媲美。随着奖项的影响力进一步增强，在获奖的组织机构中频频出现高校图书馆身影（详情见“历届 IFLA 国际营销奖中高校图书馆获奖机构和项目统计表”），说明高校图书馆已经认识到作为社会文化体系的重要组成部门，也应该通过营销宣传推广工作，提高资源利用率和服务水平，提升自身社会地位和认可度。随着新时期信息环境的不断革新，国际营销奖的目的已不在于仅仅奖励一个具有特色的营销项目，而是更加关注图书馆营销理念的根植和营销策略体系的构建。

表 3　历届 IFLA 国际营销奖中高校图书馆获奖机构和项目统计表

年份	届次	奖次	国别	图书馆	项目名称	项目简介	营销方式
2004 年	第二届	1	澳大利亚	穆斯林回教学校图书馆	我来到，我理解，我阅读	对象：来自阿富汗、伊拉克和索马里等战乱移民家庭儿童 目标：提升阅读与计算机素养，跨越语言障碍 手段：网络露营（cybercamp）、奖项评选	顾客导向营销 知识营销 情感营销
2004 年	第二届	2	泰国	朱拉隆功大学学术资源中心	朱拉隆功大学数学知识资产	对象：学术资源中心用户 目标：提高全文数据库使用率 手段：使用客户识别、市场区分、营销策略和评估等诸多营销技巧	顾客导向营销
2004 年	第二届	3	英国	纽曼高等教育学院图书馆与学习资源中心	我们为你报新闻	对象：图书馆与学习资源中心用户 目标：鼓励学生作为专栏作者，提高图书馆利用率 手段：创建《图书馆时报》，同时有内部网和发行版本	客户识别 公共关系营销

续表

年份	届次	奖次	国别	图书馆	项目名称	项目简介	营销方式
2007年	第五届	1	爱沙尼亚	塔尔图大学图书馆	夜间图书馆和妈妈学生	对象：备考学生和有孩子的学生 目标：满足他们考试周期间的阅读需要 手段：夜间开放图书馆，为妈妈学生提供儿童看护室	顾客导向营销 目标市场营销 情感营销 分类营销
2010年	第八届	3	挪威	卑尔根大学图书馆	图书馆魅力——卑尔根大学图书馆的展示	对象：图书馆用户 目标：介绍图书馆资源、激发利用图书馆兴趣、提升图书馆的价值 手段：在线宽带视频展示图书馆及资源	广告营销
2010年	第八届	1	印度	印度商学院学习资源中心	知识结伴，提升自我	对象：校内师生用户。 目标：提高用户对图书馆的使用率，促进用户知识更新 手段：整合信息，开发新的信息产品线，提供个性化信息推送服务	个性营销
2011年	第九届	3	美国	乔治亚理工学院图书馆	在书架中迷失	对象：图书馆用户 目标：提高用户对图书馆的使用率 手段：以摇滚电台节目为推广项目，将当地历史、时事、音乐文化与图书馆联系在一起	联合营销 植入式营销
2012年	第十届	1	中国	清华大学图书馆	爱上图书馆视频及排架有戏	对象：在校学生，特别是新生 目标：提升图书馆知晓度和信息素养 手段：拍摄系列主体微电影，利用新媒体渠道传播；通过游戏闯关形式，促进学生了解图书馆	体验式微营销 奖励营销

续表

年份	届次	奖次	国别	图书馆	项目名称	项目简介	营销方式
2012 年	第十届	2	加拿大	滑铁卢大学图书馆	图书馆创意纽章活动	对象：图书馆用户 目标：宣传图书馆，发展非图书馆用户 手段：通过设计 13 个富有创意的纽扣，通过线上线下渠道对图书馆视觉标识进行宣传	奖励营销 企业形象识别系统营销（CIS）
2013 年	第十一届	1	爱沙尼亚	塔尔图大学图书馆	会说话的教科书	对象：有视觉障碍和学习困难的学生 目标：向潜在用户推广新的服务 手段：参与公共研讨会以获得服务反馈和评估。与学校合作，招募学生志愿者开发数字化音频软件辅助他们阅读，并上门回事图书	顾客导向营销 情感营销 分类营销
2014 年	第十二届	3	南非	史德兰波希大学图书馆与信息服务中心	科研周	对象：图书馆用户 目标：普及学术研究基础与最新知识，展示科研服务能力 手段：写作帮助；研究合作；研究诊疗	顾客导向营销 知识营销 分类营销 会议营销
2016 年	第十三届	2	中国	厦门大学图书馆	“圕·时光”	对象：毕业生 目标：提升图书馆知名度 手段：为用户呈现个性化的阅读报告，并通过新媒体手段，营造校内读者对图书馆的“情怀感”	情感营销 个性化营销 微信、微博营销
2017 年	第十四届	1	中国	北京科技大学图书馆	读书天	对象：校内读者 目标：宣传图书馆，激发读者利用图书馆兴趣 手段：通过微信平台荐书、邀请用户共写书评	体验式微营销

续表

年份	届次	奖次	国别	图书馆	项目名称	项目简介	营销方式
2017 年	第十四届	3	中国	武汉大学图书馆	真人图书馆	对象：校内读者 目标：给学生用户带来仅靠书本难以获得的收获 手段：真人图书馆活动	深度营销

注：第 1 届、第 3 届（2005 年无赞助商，未评）、第 4 届、第 6 届、第 7 届的前三名获奖者中未有高校图书馆。

二、图书馆口碑营销

高校图书馆在实践活动中积极尝试了各种营销方法和策略，如历届 IFLA 国际营销奖中获奖的高校图书阅读推广项目，其中口碑营销以其独特的优点和功能，已经成为高校图书馆阅读推广工作中运用营销策略树立品牌活动的重要手段。口碑（Word of Mouth）源于传播学，由于被市场营销广泛的应用，所以有了口碑营销。传统的口碑营销是指企业通过朋友、亲戚的相互交流将自己的产品信息或者品牌传播开来。菲利普·科特勒（Philip Kotler）将 21 世纪的口碑传播定义为：由生产者以外的个人通过明示或暗示的方法，不经过第三方处理、加工，传递关于某一特定或某一种类的产品、品牌、厂商、销售者，以及能够使人联想到上述对象的任何组织或个人信息，从而导致受众获得信息、改变态度，甚至影响购买行为的一种双向互动传播行为。口碑营销又称“病毒式营销”，其核心内容就是能“感染”目标受众的病毒体——事件，病毒体威力的强弱则直接影响营销传播的效果。在信息爆炸和媒体泛滥的环境中，大众对广告甚至新闻，已经具有极强的免疫能力，只有制造新颖的口碑传播内容才能吸引大众的关注与议论。口碑营销的流行，来源于网络，其产生背景是博客、论坛这类互动型网络应用的普及，并逐渐成为各大网站流量最大的频道，甚至超过了新闻频道的流量。

口碑营销的特点是以小搏大，在操作时要善于利用各种外部因素——如自然规律、政策法规、突发事件，甚至是竞争对手，为己所用。同时，它具有宣传费用低、可信任度高、针对性强、提升企业形象、发掘潜在消费者成功率高、影响消费者决策、缔结品牌忠诚度、更具亲和力等特点。柯比（J. Kirby）调查发现，口碑营销比其他的营销技巧更可靠，因为只有 14% 的人相信他们所看到、读到或听到的广告。令人惊讶的是，90% 的人会相信他们的家人、朋友或同事支持某项服务或产品，因为他们认为他们没有既得利益[①]。口碑营销专家迈克尔·卡佛基（Michael Cafferky）曾指出："口碑是头脑中的低技术方法，但它却诉诸市场中所有高科技噱头来实现。"微软前博客负责人斯考伯（Si Kaobai）说："再不经营博客，企业将沦为二流角色。再不放低身段，倾听来自消费者的声音，历史性的口碑营销机遇也会与你擦肩而过。"乔治·西尔弗曼（George Silverman）说："口碑营销的效果是传统营销的数千倍。"[②]所以，苹果公司制造"稀缺"，生产"病毒"制造口碑传播效益，而茅台酒在 20 世纪 90 年代中期也深刻体会到"好酒也怕巷子深"的窘境，随即由企业领导亲自牵头组织营销团队，使用广告提高产品口碑。

高校图书馆阅读推广口碑营销的基本目标是让读者之间交流图书馆阅读推广活动，以便提升活动的认可度和参与度。具体地说，就是让"值得信赖的读者"感受阅读推广服务，而不必考虑是否参加活动或甄选活动的内容。如网友"贺兰泰"的一则微博中提到："杭州图书馆对所有读者免费开放，因此也有了乞丐和拾荒者进门阅览。图书馆对他们的唯一要求就是把手洗干净再阅读。有读者无法接受，说此举是对其他读者不尊重。褚树青馆长则回答：'我无权拒绝他们入内读书，但您有权利选择离开。''我希望通过这样的行为方式，去改变、教育一些人。人人生而平等。'因此，很多人称杭州图书馆为"史上最温暖图书馆。"[③]在首届全国高校图书馆阅读推广案例大赛中获奖的高校图书馆案例，一个个无不是从长年积累下大量人气的品牌活动中孕育而生，正是凭借着活动的口碑和影响力，使它们在全国众多案例中脱颖而出，引领着全国高校图书馆的阅读推广事业的方向。新墨西哥大学图书馆通过口碑营销策略，说服了大学教师管理委员会转变对待图书馆的态度，并使其成为图书馆服务宣传的"传播引擎"，进而成功转变了

① Kirby J，MarsdenP. Connected Marketing：the viral，buzz and word of mouth revolution［M］. Elsevier，2006.

②（美）乔治·西尔弗曼著，关世杰，王金萍，尹苹译 . 口碑：营销效果无限放大的秘密［M］. 北京：电子工业出版社，2004.

③ 杭州图书馆十年坚持允许流浪者和拾荒者入馆读书［EB/OL］.［2012–05–16］.http：//news.sina.com.cn /o/2014–04–28/114130025162.shtml

图书馆在读者心目中“形象差、地位低、作用小”的观念，工作成功推广了图书馆和图书馆资源[①]。

第二节　口碑营销的应用与高校图书馆阅读推广

乔治·西尔弗曼（George Silverman）认为：谈论服务只是流程的一半；而让人们实际感受、利用服务则是口碑营销的另一半，也是口碑营销的力量所在[②]。根据口碑营销的主要原则和总体实施方法，高校图书馆在应用口碑营销促进阅读推广过程中，具体流程主要应包括以下五个步骤。

一、制定计划

有一句话：“如果你不知道你要去哪里，那么你哪儿也去不了。”高校图书馆利用口碑营销促进阅读推广活动之前，首先应该要制定一个长期规划，因为大部分阅读推广活动效益具有隐性，口碑营销效益同样也需要一定时间的沉淀发酵。规划要建立活动长效机制，要明确相关活动的使命、愿景和战略方向，要明确活动受众范围，其中战略方向是“讲述图书馆阅读推广活动的故事”，是口碑营销努力的根本基础，是口碑营销努力的指南。

二、寻找意见领袖

口碑营销注重顾客体验，所谓顾客体验，即顾客跟企业产品、人员和流程互动的总和。如在戴尔公司总部每间办公室的留言板上都写着一句口号：“顾客体验：把握它”，公司甚至认为“顾客体验将是竞争的下一个战场”。所以高校图书馆在

① Alire，Camila A.Word–of–mouth marketing：abandoning the academic library ivory tower［J］.New Library World，2007，108（11/12）：545–551.

②（美）乔治·西尔弗曼著，关世杰，王金萍，尹苹译．口碑：营销效果无限放大的秘密［M］．北京：电子工业出版社，2004.

开展阅读推广活动之前，要成立以核心读者为成员的“意见领袖”。意见领袖是读者圈内的权威，他们的观点能被其他读者广为接受和支持，意见领袖应该是一个组织，成员包括师生读者代表、学校组织机构代表和图书馆内部馆员。特别值得注意的是，成员中的图书馆员不仅能为其他成员介绍图书馆资源和服务，而且是口碑营销的意见领袖的重要组成部分，不可忽视，更不可或缺。

三、确定活动/服务

没有哪一种阅读推广活动适合所有读者，虽然高校图书馆拥有丰富的资源，可以开展形式多样的阅读推广活动，但是面对数量众多的读者以及日益复杂的信息需求，高校图书馆要充分发挥“意见领袖”的作用，深入了解读者的实际阅读服务需求，针对不同读者组织实施各具特色、切实可行的阅读推广活动。同时要认识到口碑营销只是众多营销方法中的一种，它只是阅读推广活动的一种手段，仅仅依靠口碑营销来树立广受欢迎的品牌活动是不科学的，也是不合理的。正所谓，口碑是目标，营销是手段，产品是基石。只有制定出符合读者实际需求的活动，才能在读者群体内树立正面口碑，否则会适得其反，形成反面口碑。

四、建立客户关系

阅读推广活动内容和形式确定后，图书馆需要将活动意义和目标传递给核心读者，并维护好核心读者的关系，让核心读者支持图书馆的活动，并作为传播者在其他读者群体中广为宣传活动。高校图书馆阅读推广活动中的核心读者主要包括教师和学生，图书馆要通过采取以下措施，使学生与其他学生交流讨论活动，教师与其他教师交流讨论活动。一是通过研讨会、讲习班或演讲等活动，以图片、PPT 和视频等形象生动的途径，将阅读推广活动信息传递给核心读者，让他们了解图书馆是他们学习、生活和工作的重要伙伴，阅读推广活动是他们提升学习、生活和工作质量的重要手段。二是利用体验式销售理念，让核心读者切身感受阅读推广活动的过程和实际意义。以他们希望的时间，希望的地点，希望的方式为原则，开展他们实际需求的服务活动。三是注意收集核心读者对活动的反馈意见，完善活动纠错机制，使活动更趋于科学合理化。据专业市场研究公司调查得出的结论，只有 4% 的不满顾客会对厂商提出他们的抱怨，但是却有 80% 的不满顾客会对自己的朋友和亲属谈起某次不愉快的经历。在收集核心读者对活动的意见过程中，要特别注意收集那些容易被忽视的“微不足道”的错误，因为这些小的不足，正是口碑营销的致命缺陷。

五、其他相关工作

谈论者，是口碑营销的起点，用户之间的互动交流是关键。为了更方便有效地利用口碑效应，新时期下高校图书馆应该注重运用诱发口碑的宣传工具，如搭建网络平台，利用微博、微信、论坛等新媒体建立口碑营销渠道，方便读者之间的交流和互动。同时，图书馆要为阅读推广工作设计形象生动的独特的活动标识和朗朗上口的活动标语等。

形象代表，是众多营销活动中必不可少的重要组成部分，高校图书馆需要结合阅读推广活动内容和特征，选择形象好、符合活动要求的校内外领导和师生代表为活动代言，并根据活动的变化及时更换活动代言人。

实施奖励，天下没有免费的午餐，但适当的奖励是读者们往往无法拒绝的。给读者一定的物质和精神奖励，让他们帮助完成一次正面的口碑传播，将大大加快图书馆阅读推广活动的口碑营销进程。例如鼓励读者将阅读推广活动新闻和网站推荐给其他读者、与其他读者分享活动体验、传播活动作用和意义等。

第三节　高校图书馆阅读推广口碑营销注意事项

一、坚持诚实营销

口碑营销不是靠创意取胜，也不是靠炒作一鸣惊人。口碑营销的力量在于它的诚实，它是关于真实和透明的意见（包括好的和坏的）。用户坚持信任他们的朋友、家人的意见，是因为他们纯粹的、无偏见的意见。正所谓，“酒香不怕巷子深”，但关键要“酒香”。高校图书馆在开展口碑营销阅读推广中，一定要坚持开展读者需要和读者有兴趣的活动，能真实有效地促进读者阅读和读者素养。同时，要注意建立长效机制，不断适应时代的变化，要维系品牌阅读推广活动的生命力，不能故步自封，忽视对活动质量和效益的评价和持续提升工作。

二、坚持内部营销

大多情况下，很多组织片面地理解营销只是对外部进行的营销，组织内部的口碑营销经常容易被忽视。实际上，内部口碑营销不仅有利于馆员对图书馆活动目标的支持和理解，有利于统一图书馆内部工作意见并在工作中形成合力。同时，在实际营销过程中发现，如果组织内部作为负面口碑信息源的话，其反面效果要比组织外部一般用户的传播效果大得多。所以高校图书馆在开展口碑营销阅读推广中，首先要树立馆员的营销理念，让馆员理解和支持口碑营销。馆员真心实意地开展阅读推广活动，往往比一般的口碑传播者的赞美更具有说服力。

三、坚持网络营销

口碑是一把双刃剑，既可以为企业带来正面口碑效应，也会由于负面口碑的传播带来负面影响。尤其在新媒体时代，更验证了“好事不出门，坏事传千里”的道理。更有数据统计负面口碑的传播速度是正面口碑的十倍，因此负面口碑的处理绝不能放松。有人说口碑营销的主要工作之一与其说是将好的口碑传播出去，不如说是管理坏口碑。高校图书馆在开展口碑营销阅读推广中，不仅要注重网络营销平台和渠道的搭建，更要注意收集网络口碑传播的负面消息，并及时予以有效处理，及时纾解读者对图书馆及其阅读推广活动的疑惑和不满。

四、坚持持续营销

没有哪一种营销手段和方法能解决阅读推广中的所有问题，图书馆阅读推广服务属于无形的文化产品，活动效益不仅无形，而且活动的检测和评估的难度大。高校图书馆要长期坚持开展阅读推广活动，同时要坚持开展口碑营销工作，要使普通的读者不断升级为口碑传播大使，不断扩大口碑传播的深度和广度。沟通交流互动是口碑营销的必要手段，高校图书馆要不断深入开展有价值、有针对性的阅读推广活动，而非仅仅依靠口碑营销，避免邀请许多名人，却丝毫没有“名人效应”的现象发生；避免邀请许多顾客“现身说法”，却给人以“托儿”的嫌疑。

五、坚持整合营销

口碑营销虽然具备可行度高、针对性强等特点和优势，但它只是众多宣传推广中的一个环节，把口碑营销从营销中剥离，仅仅依靠口碑营销来建立活动品牌是不科学也是没有效率的。在核心读者努力进行口碑宣传的同时，高校图书馆应该同步开展系统的营销和公关工作，如前文表 3（历届 IFLA 国际营销奖中高校图书馆获奖机构和项目统计表）中涉及被成功运用的诸多营销方式和手段，使各种宣传推广营销策略互为补充，才是营销策略的精髓所在。

阅读推广是一项长期而艰巨的工程，无论采用何种营销手段和方法，都是为了提升阅读推广活动效益，不断满足读者的阅读和信息需求。高校图书馆首先要具有走出“象牙塔”的态度和信心，树立营销推广理念，不仅要实现“书有其读者、读者有其书”的图书馆价值目标，而且要在有限的资源条件下，更好、更有效地完成目标。通过借鉴国内外高校图书馆运用营销知识开展阅读推广实践的成功经验，国内高校图书馆需要敢于超越传统束缚和现有成绩的桎梏，通过不断丰富活动营销手段，应用口碑营销等技术和方法，使各种营销策略互为补充，相辅相成，最终提升阅读推广工作效益，树立活动品牌，并保持活动正面口碑效益的持续发展。

第十二章　高校图书馆社会化阅读推广[①]

第一节　高校图书馆社会化阅读推广理论依据

一、政策制度基础

各国（组织）为加强图书馆社会文化服务能力，推进全民阅读推广事业发展，先后制定了诸多的法律规章制度（政策宣言），其核心价值理念即图书馆应当承担阅读推广事业的主体角色和责任，向社会敞开大门，为大众提供信息服务。美国 1956 年制定的《高等教育法》规定：美国大学有权享受联邦政府的补助，也有义务为全体纳税人提供信息服务；20 世纪 60 年代颁布的《图书馆服务和建设法案》，要求各类图书馆对享受不到图书馆服务的人，特别是对贫困家庭中 7 岁以下的少儿提供图书馆和信息服务[②]。此外，ALA 发布《New Vision：Beyond ALA Goal 2000》，明确图书馆要通过有效的工作和活动，保护大众获取信息的平等权，促进大众能读会写和终身学习。英国图书馆协会（LAUK）20 世纪 80 年代初发布《社区信息服务：图书馆能做什么？》，提出图书馆为社区提供信息服务，是帮助个人或团体解决日常问题、

① 李明 . 论高校图书馆在全民阅读推广中的主体地位［J］. 图书馆工作与研究，2018，（4）：98–103.
② 刘淑娟 . 美国大学图书馆管理规制及启示［J］. 科技管理研究，2009（6）：245–248.

参与民主进程的服务。民主德国 1968 年颁布《民主德国图书馆法》，目的在于保证图书馆能充分发挥其应有作用，以满足人民读书的愿望，适应国家文化教育发展的需要[①]。丹麦 2000 年颁布的《图书馆服务法》中明确规定，国立以及大学图书馆作为文献资源典藏中心馆必须积极参与国内外的图书馆馆际互借活动，为社会提供信息服务[②]。日本 1986 年制定《关于国立大学图书馆实施开放服务目前的对策》，要求："大学图书馆为适应社会的需求，必须要开放。"[③]韩国 1994 年制定《图书馆及读书振兴法》，目的是"为图书馆及文库的设立、运营以及读书振兴，创造必要的环境，规定相关内容，建立健全图书馆及文库，促进读书活动，全面提供社会所需的知识信息，提高流通效率，促进文化发展和终身教育的发展。"[④]中国图书馆学会 2008 年公布《图书馆服务宣言》提出："图书馆要努力促进全民阅读。……为公民终身教育提供保障，要促进学习型社会的建设。"[⑤]教育部 2015 年印发《普通高等学校图书馆规程》指出："高等学校图书馆应充分发挥在文化传承创新中的作用，……积极参与各种资源共建共享，发挥信息资源优势和专业服务优势，为社会服务"。[⑥]

二、专家学者观点

在国内外图书馆事业发展历史进程中，专家学者们一直都在探究高校图书馆如何提升管理水平，来满足不断增长的社会化读者阅读需求和社会文化传承职责。长期以来，学者们普遍认识到高校图书馆在全民阅读推广事业中主体地位的重要性。同时，大众在非正式学习和阅读过程中对高校图书馆的需求也日益增强，也让高校图书馆备感向社会开放为大众提供阅读服务的重要性和紧迫感。阮冈纳赞（S.R.Ranganathan）提出"图书馆学五定律"，要求图书馆的大门向一切人敞开，要

① 龚龙 . 东欧部分国家的图书馆立法回顾［J］. 图书情报论坛，2007（4）：12–13.

② 王彩云 . 论高校图书馆与公共文化服务体系的构建［J］. 图书馆工作与研究，2010（1）：26–29.

③ 赵国忠，张创军 . 高校图书馆社会化服务概论［M］. 北京：国家图书馆出版社，2016：65.

④ 李炳穆，太贤淑，段明莲 . 韩国图书馆法［J］. 图书情报工作，2008，52（6）：6–21.

⑤ 践行《图书馆服务宣言》推动图书馆事业发展［EB/OL］.［2017–03–28］.http：//www.lsc.org.cn /c/cn/news/2009–01/05/news_2771.html.

⑥ 教育部关于印发《普通高等学校图书馆规程》的通知［EB/OL］.［2017–03–28］.http：//www.scal.edu.cn/gczn/sygc.

求图书馆开展宣传工作[①]。南希·考特尼（Nancy Courtney）认为："高校图书馆与社会的互相联系是非常必要的，服务项目应包括创建在线数字档案、书目指南、促进儿童的信息素养教育、提高民众获得政务信息和健康信息的能力。"[②]罗伯特·威瑟斯（Rob Withers）认为："宣传推广对于有效吸引社区居民、扩大图书馆知名度来说很重要，……在高校开展大学预科项目中图书馆的作用也很重要。"[③]李大钊在担任北大图书馆馆长期间，提出"兼容互需"的藏书建设方针[④]，使北大图书馆发展成为传播马克思主义和新文化的重要基地，在深层次上开启了民智，发挥了启蒙功能。图书馆学家卢震京郑重提出："高校图书馆是收集、整理和保存文献资料，并向师生和社会民众提供使用的教育文化性质的服务机构"。[⑤]随着全民阅读推广事业的不断深入，现如今越来越多的专家学者认为，高校图书馆是全民阅读推广事业中的重要推动力量，例如黄东霞等认为："尽管不同类型的图书馆阅读推广的具体内容、目标和对象有所差异，但是向读者开展推广活动，引导读者是其共同职责。"[⑥]王军等称："公共图书馆、高校图书馆和各种类型的图书馆，都是全民阅读推广的主力部队之一。"[⑦]

第二节　高校图书馆社会化阅读推广工作实践

一、国外高校图书馆社会化阅读推广工作特点

（一）工作历史悠久

如本书第一章所述，早在 17 世纪，著名的德国图书馆学家诺德就提出："图

① 图书馆学五定律［EB/OL］.［2017-03-28］.http：//baike.baidu.com/item/ 图书馆学五定律 ?fr= Al addin.

② Courteney N D. Academic Library Outreach：Beyond the Campus Walls［M］.ABC-CLIO，2008.

③ Rob Withers. Getting the Word Out［J］.College & Undergraduate libraries，2005，12（1-2）：35-45.

④ 赵静 . 高校图书馆的功能演进［M］. 北京：清华大学出版社，2016：7.

⑤ 卢震京 . 图书馆学辞典［M］. 北京：商务印书馆，1958：382.

⑥ 黄冬霞，白君礼 . 我国阅读推广主体探析［J］. 图书馆，2015（6）：17-20，59.

⑦ 王军，陈丽芳 . 略论阅读推广主体方阵模型构建［J］. 中国出版，2016（8）：28-31.

书馆不应该只为特殊阶层服务，应该向一切愿意来图书馆学习的人开放。”随后各国的专家学者也不断重申高校图书馆社会化服务功能，以美国为代表，英国、德国、澳大利亚、丹麦等国纷纷通过立法的形式，以国家的意志推进高校图书馆面向社会大众提供阅读服务。经过多年的实践努力，这些国家的高校图书馆已经成为公众学习和生活的有效帮手。

（二）工作地位显著

美国等国家的高校图书馆一直为社会读者敞开大门，为社会团体和个人提供多种信息服务。高校图书馆依据相关法律制度，开展的社会化阅读推广已经成为国家全民阅读事业中的重要组成部分。一是成立专门的校外读者服务机构，制定完善的服务政策和简捷的服务程序，向校外读者提供资源和服务。二是强强联合提供更好的读者服务，高校图书馆与有影响力的其他图书馆、出版商、学会、俱乐部、IT 公司等进行深度合作，加强社会化阅读服务和推广能力建设。例如 2012 年哈佛大学图书馆与 Google 合作推出图书馆门户网站，校外用户可以通过界面友好的网站查询馆藏书目信息和 Google book 书目信息[①]。三是细化校外读者类型，提供精准特色阅读服务。例如美国、加拿大等国家高校图书馆一般将校外服务对象从学历、社会经历、身份等方面进行了细致划分，提供有针对性的服务，特别是对校友和弱势群体（如残障人士、青少年和儿童等）有着全面细致的服务举措。这些高校图书馆实际拥有大量的校外读者，据统计在英国大学图书馆里有 5% 的读者是市民[②]。

（三）工作角色清晰

全民阅读推广不仅需要活动的发起组织者，还需要活动的参与者和支持者。国外高校图书馆为推进全民阅读，主要通过扮演以下三种角色开展社会化阅读推广活动。一是活动发起者。在国外，很多高校的图书馆同时还承担着州立、市立

① 赵国忠，张创军 . 高校图书馆社会化服务概论［M］. 北京：国家图书馆出版社，2016：100.

② 魏治国 . 高校图书馆社会化服务的新契机——异地校园背景下高校图书馆服务城乡之思考［J］. 情报资料工作，2007（4）：92–94.

图书馆职责，作为全民阅读推广活动发起者，在全国或地区内开展活动。例如德国高校图书馆通过牵头成立全国图书馆联借网并组织社会大众开展导读、读书演讲比赛、智力竞赛、读书评选、儿童读书成果展、读书家庭亲子大型游戏等活动。二是活动参与者。参与其他主体发起的全民阅读推广项目和图书馆联盟是国外高校图书馆开展社会化阅读推广活动的常见形式，例如莱斯特大学图书馆参与支持学校教师组织发起的“信箱俱乐部”；哈佛大学、麻省理工学院和日本山口大学等高校图书馆，纷纷参加区域图书馆联盟，共享资源，联合开展阅读推广活动。三是活动支持者。国外高校与社会联系频繁，不仅包括图书馆，校内其他部门也积极参与服务社会的活动，例如大多数英、美高校图书馆支持学校校友管理部门，为校友提供特色服务，增加校友对母校的感情，吸引校友为母校发展出力。除此之外，国外高校图书馆还乐于支持国际组织和发展中国家的文化部门开展消除信息鸿沟的国际性阅读服务项目，例如伊利诺伊州埃文斯顿的西北大学图书馆与国际儿童读物联盟合作永久保存 IBBY 荣誉名册，支持儿童阅读推广活动。

二、国内高校图书馆社会化阅读推广工作现状

（一）工作规模不断扩大

我国“985”“211”高校图书馆和经济发达地区的高校图书馆在社会化阅读推广工作中较早地迈出了第一步，在全国高校图书馆范围内起到了领头羊的作用。现如今全国各地高校图书馆，包括一些规模较小、资源较少的高校图书馆也都积极投身于社会化阅读推广洪流之中，特别是高职高专类图书馆的推广实践案例，更具代表意义。众多的实践案例反映阅读推广活动的成效如何关键在于活动的创意和形式，资源和实力并不是活动取得良好效果的主要原因。例如：广西生态工程职业技术学院利用地理位置和专业优势，走进农村、走进监狱、走进中学校园，开展送书下乡、开办讲座、展览、培训等活动，同时创办校友会，服务本校毕业生，对毕业生终身开放图书馆，为其终身学习营造良好的环境[①]；宁波卫生职业技术学

① 赖群．高职院图书馆开展社会化服务的实践探讨——以广西生态工程职业技术学院图书馆为例［J］．图书馆论坛，2009，29（2）：106–108.

院利用特色过刊资源，通过悦读会的形式，建设敬老院、民工子弟学校、残疾人家庭等阅读实践基地，为特殊人群定期开展送阅读、送爱心、送服务活动[①]。

（二）工作角色呈现多样化

同国外高校图书馆相似，目前国内高校图书馆也是主要通过扮演以下三种角色来开展社会化阅读推广工作。一是活动发起者。如肩负高校图书馆和公共图书馆双重功能的深圳大学城图书馆、新疆石河子大学图书馆、广东医学院图书馆等，长期面向社会开展阅读推广活动。二是活动参与者。高校图书馆也常参与其他主体发起的推广项目或图书馆阅读推广联盟促进大众阅读，例如苏州工业职业技术学院图书馆参与苏州读书节活动，广州大学、江汉大学等图书馆联合地方政府和机关企业单位开展推广工作，北京部分高校图书馆通过参加首都图书馆联盟助推全民阅读。三是活动支持者。高校与社会联系频繁，图书馆通过支持学校及其他部门为社会提供文化服务作用显著。例如教育部持续实施的“对口支援西部地区高等学校计划”，图书馆对口支援工作就是整体工作中的重要组成部分，东部地区高校图书馆在学校的整体协调下为西部受援高校及图书馆的发展和建设提供重要的支持和帮助，直接或间接地促进了西部地区民众文化素养和阅读素养。

（三）工作效益逐渐显著

随着投身社会化阅读推广的高校图书馆规模不断扩大，开展的服务项目也日益丰富，工作认可度和社会效益更是得到了显著提升。活动目标和宗旨的实现，又进一步增强了高校图书馆的全民阅读推广工作的主体地位和作用，也提升了高校图书馆开展社会化阅读推广活动的自信心。2005 年至 2015 年期间，中国图书馆学会组织评选“全民阅读示范基地”和“全民阅读优秀单位”，全国有 22 个地区、71 家高校图书馆荣获了 114 次“全民阅读先进单位”，有 12 个地区、30 家高校图书馆荣获了“全民阅读示范基地”[②]。虽然高校图书馆荣获两种奖项数量在

① 陈进，李笑野，郭晶．高校图书馆阅读推广案例精编［M］．北京：海洋出版社，2017：349–356.

② 熊莉君，张福阳，张灿．高校图书馆全民阅读推广工作之典型特征——基于 30 家全民阅读示范高校馆的调查［J］．新世纪图书馆，2016（3）：94–96.

每年的比例起伏较大、总量也相对较少，但高校图书馆在全民阅读推广中的模范作用正在逐渐显现并不断显著。高校图书馆在校园内的阅读推广，不仅促进了校园文化的建，提升了人才培养质量，也有效引领了全社会的阅读风气，确立了高校图书馆在全民阅读推广的主体地位。

表 4　国内外部分高校图书馆社会化阅读推广工作统计表

国家	高校图书馆	社会化阅读推广工作
美国	多数高校图书馆	1. 公立大学图书馆全部面向公众开放，不需要出示任何证件； 2. 部分私立大学图书馆不对外开放，但在实际操作中并不严格拒绝外人进入。
	麻省理工学院图书馆	1. 专门制定面向社会公开的政策； 2. 与出版商合作和公共图书馆的合作，最大限度满足校外读者访问下载电子资的源求； 3. 建设机构知识库，搭建学术共享空间； 4. 设置残疾户用服务办公室。
	斯坦福大学图书馆	1. 细分社会用户类型，提供针对性服务； 2. 与大学出版社、学会等信息技术机构合作开发 High Wire Press 知识库，为社会读者丰富 OA 期刊资源； 3. 开设独立研究空间和小组讨论室供校外读者使用； 4. 成立继续教育中心，为校外读者提供高质量、易获取的课程资源。
	阿肯色大学图书馆	1. 将免费借阅的权利延伸至所有社会成员； 2. 成立“图书馆之友”协会，专门服务校外读者。
	哈佛大学图书馆	1. 成立专门的校外信息服务组织机构，与谷歌合作，开展信息服务社会工作； 2. 参加高校图书馆联盟（加入常春藤高校图书馆联盟、麻省理工学院结盟），共享资源，提升满足社会读者阅读需求能力； 3. 通过门户网站，为校外读者提供信息检索技巧。
英国	多数高校图书馆	1. 成立专门的校外读者服务机构； 2. 采用全部开架的服务方式对校外读者完全开放，校外读者不需要提供任何证件就可以与校内读者享有几乎等同的权利。
德国	多数高校图书馆	1. 许多高校图书馆同时承担着州立图书馆或市图书馆的职责； 2. 全国各大学图书馆、地方公共图书馆及所有专业图书馆参与成立全国图书馆联借网； 3. 实施以读者“信息服务”为中心的服务管理模式，开展导读、读书演讲比赛、智力竞赛、读书评选、儿童读书成果展、读书家庭亲子大型游戏等活动。
加拿大	多数高校图书馆	1. 直接办成省或地区中心图书馆，对公众开放； 2. 主要以提供文献借阅开展阅读推广工作，并通过馆际互借扩大资源供给； 3. 细分校外读者，如校友、社区人员、公司人员、其他高校读者、个人等。

续表

国家	高校图书馆	社会化阅读推广工作
日本	多数高校图书馆	为社会公众学习提供场所，为周边区域市民提供知识创新和终身教育服务。如山口大学图书馆： 1. 全民向社会公开； 2. 成立区域图书馆联盟，为社会读者服务； 3. 定期开展讲座、印发使用手册、延长开馆时间、节假日开馆，促进社会读者阅读； 4. 为残疾人设置特制通道等便利设施。
中国	深圳大学城图书馆	1. 国内首家兼具高校图书馆和公共图书馆双重功能的图书馆； 2. 加入深圳市各级图书馆间的通借通还服务； 3. 通过读书节、高交会等平台，开展信息素养培养、读者沙龙、专题讲座等活动。
	首都高校图书馆联盟	1. 将社会读者服务制度化； 2. 将每年 9 月第一周定为“首都读者周”，并开展讲座、展览、流动书车等活动； 3. 建立统一的调集书库，实现文献互补。
	广州大学图书馆	联合省市有关单位，共建图书馆桂花岗分馆暨中山图书馆桂花岗社区分馆 1 个、广州市廉政信息研究中心 1 个、部队军营图书馆 1 个。
	新疆石河子大学图书馆	1. 定期向校外读者免费开放； 2. 面向社会读者提供培训服务； 3. 为部队官兵举办心理知识辅导讲座； 4. 为农民提供农业文献资源。
	广东医学院图书馆	1. 向社会读者提供书刊借阅服务； 2. 将信息检索技能培训课件通过门户向社会公布，提升社会读者信息素养； 3. 定期为地方医务人员举办医学信息检索技能培训班。
	湛江师范学院图书馆	1. 为市区图书室、民办学校图书馆建设提供人力、技术、资源等支持； 2. 与市委市政府和公共图书馆联合举办“湛江非物质文化遗产图片展”“建党 90 周年湛江党史图片展”等活动。
	商洛学院图书馆	1. 向市民开放，提高免费借阅服务； 2. 开展以传播新知识、新文化、民俗等公益性讲座； 3. 面向农业专家、农民和各行业技术研究人员，开展学术交流活动和信息素养教育。
	江汉大学图书馆	1. 与东风汽车有限公司合作，为企业员工办理借阅证、开展信息检索与利用培训、提供远程登录访问电子资源服务； 2. 为武汉经济技术开发区部分居民办理借阅证； 3. 联合校外其他单位，面向市民开展艺术画展、摄影品展、名家书法、主题讲座等活动。

续表

国家	高校图书馆	社会化阅读推广工作
	宁波卫生职业技术学院	利用特色过刊资源，借助悦读会，建设敬老院、民工子弟学校、残疾人家庭等阅读实践基地，为特殊人群定期开展送阅读、送爱心、送服务活动。
	广西生态工程职业技术学院图书馆	1. 利用地理位置和专业优势，以流动为服务方式，走进农村、走进监狱、走进中学校园，开展送书下乡、开办讲座、展览、培训等活动； 2. 创办校友会，服务本校毕业生，对毕业生开放图书馆，为毕业生终身学习营造良好的环境。

第三节　我国高校图书馆社会化阅读推广的问题

纵观国内外全民阅读推广事业，目前高校图书馆的主体地位和作用还不如国际组织、政府部门和公共图书馆，甚至有时还不如非营利性公益机构和个人。相较于国外高校图书馆，国内高校图书馆社会化阅读推广工作也有较多的问题，亟须查找问题，探究原因，改变现状。

一、工作顶层设计有待进一步完善

（一）缺少健全的法律基础

我国现有的相关法律法规中，虽然能直接或间接找到高校图书馆服务社会或促进大众阅读的相关条款，但明确性和强制性不足。只是用“有条件”“尽可能”和“适当”等词汇引导高校图书馆开展全民阅读推广活动。同时也没有完全明确将高校图书馆纳入全民阅读推广主体体系之中，仅仅明确了“图书馆”的主体地位。即使在“全民阅读”被连续写入政府工作报告的背景下，教育部印发的《普通高等学校图书馆规程》依然未对高校图书馆促进全民阅读做出具有强制性和直接性的规定和要求。在《关于加快构建现代公共文化服务体系的意见》等文件中也只是要求公共图书馆与博物馆、文化馆、纪念馆、美术馆等免费向公众开放，仍然不见高校图书馆的踪影。

（二）缺乏必要的理论依据

近年来，国内专家学者热衷于阅读推广的研究，但总体上理论研究仍落后于工作实践。例如阅读推广及相关概念至今没有形成统一的定义，图书馆在阅读推广事业中的地位、全民阅读推广和社会化服务之间的关系、社会化阅读推广是否应该成为高校图书馆的服务范畴等问题也尚未定论，再加上图书馆自身主体理论自觉和创新不够，导致高校图书馆的全民阅读推广主体地位至今不够清晰。同时，社会化阅读推广工作处于起步阶段，实践对理论的促进作用也有限，相关理论体系也有待进一步加强和完善。

二、工作内外需求有待进一步加强

（一）图书馆主动意愿不足

第一，“重藏轻用”和“封闭式”的观念尚未完全剔除，部分高校领导和图书馆教职工安于现状、墨守成规，缺乏主动出击、开拓创新的社会化服务意识，缺乏主动开展社会化阅读推广工作的理念。第二，图书馆管理模式、藏书结构以校内教学、科研工作为出发点，“校本位”的理念根深蒂固，同时受制于知识产权等问题困扰，图书馆长期有意或无意地忽视学校图书馆资源也是社会资源的现实，缺乏资源开放和共享的理念。第三，空间、资源和人员的不富裕，图书馆担心校外读者会挤占校内读者的资源和权利，担心工作量的增加会给管理和安全增添隐患，对社会化阅读推广工作的自信心稍显不足。第四，缺乏法律保障和国家政策的支持，图书馆主动开展社会化阅读推广工作的动力和投入不足，导致活动效果不理想，久而久之形成恶性循环，社会化阅读推广工作举步维艰。上述原因导致部分高校图书馆不愿意开展社会化阅读推广工作，也不敢承担全民阅读推广工作的主体职责，严重阻碍了高校图书馆阅读推广服务功能向社会延伸的脚步，社会化阅读推广常常被扼杀在摇篮之中。

（二）社会大众需求意愿不足

第一，大众的非正式学习和终身学习的社会风气尚未真正养成，对社会文化服务部门的信息服务需求还不够强烈也不够积极主动。第二，社会大众缺乏对高校图书馆的社会服务和文化传承创新功能的正确认识，认为高校及图书馆的大门不能自由进出，习惯将公共文化服务体系中的政府文化行政部门作为寻求服务的对象，而忽视了以高校为代表的文化事业单位的存在。第三，社会大众缺乏必要的信息素养和阅读技能，无法正确有效地使用高校图书馆及资源。面对丰富多样的高校图书馆资源，他们只能望洋兴叹，寻求其他途径解决阅读问题和信息资源需求。第四，由于条块化管理体制等问题，政府和其他阅读推广主体在开展全民阅读推广活动中，无视高校图书馆的情况时有发生。例如，有些地方政府每年组织的大规模的有影响力的区域性读书节活动，但在活动主体中却不见当地高校图书馆的踪影，成立的全民阅读推广专门组织机构中也没有高校图书馆成员的参与。

三、工作主体作用有待进一步提升

（一）活动组织能力不足

第一，活动主体机构不健全。相对于欧美国家高校图书馆大多成立专门机构，细化校外读者类型，为大众提供有针对性、多层次性的阅读推广服务。目前国内高校图书馆却普遍没有设置类似部门，也没有将社会化阅读推广视为主要业务，导致活动组织能力有限。第二，主体之间合作不够。由于体制限制和行业、区域壁垒，高校图书馆与其他全民阅读推广主体之间互相学习共同进步的愿景有待进一步实现，资源共享联合开展阅读推广活动的局面还未完全打开。同时，高校图书馆参与的全国和地区性阅读推广联盟的种类和数量也有限，联盟能组织的有深远影响力的活动不多。第三，主体能力差异显著。高校图书馆之间的推广服务内容和工作水平还存在较大的差距，例如部级高校图书馆、发达地区高校图书馆比地方高校图书馆、欠发达地区高校图书馆的工作实践进展更快，覆盖面更广，效益更深远[①]，全面提升活动主体业务能力的工作长期而艰巨。

---

① 汪聪，杨晓晴 . 高校图书馆社会化服务的调查与思考［J］. 图书馆工作与研究，2013（11）：31–33.

（二）活动的影响力有限

一方面，高校图书馆自己组织的活动影响力不足。据 2016 年对 23 个省市的 82 所高校图书馆的调查统计发现，开展社会化阅读推广活动的高校图书馆比例仅占 8.5%，而且活动对象主要是校外成年人，活动合作单位主要是公共图书馆，活动内容主要是专家讲座、书目推荐、讲解网络信息检索常识①。总体上，高校图书馆社会化阅读推广工作规模还小、对象覆盖面还窄、吸引力和影响力还不够。另一方面，高校图书馆对其他主体活动的影响力也不足。相比国外，国内高校图书馆参与政府、公共图书馆、出版发行机构、民间阅读公益性组织等全民阅读推广其他主体开展的活动案例较少，即使参与其中，其参与的深度和广度也不足、积极性也不高，给予活动的支持力度更是有限。

（三）活动转型提质进度慢

国家政府和专家学者客观上较为重视公共图书馆的主体地位，对高校图书馆并未做出明确具体的规定和指导意见。中国图书馆学会等在全民阅读推广事业中作为有影响力的组织机构，也并没有面向高校图书馆有针对性地提供社会化阅读推广业务能力培养机制和渠道，所以，导致高校图书馆的社会化阅读推广活动组织能力和水平提升缓慢。高校图书馆全民阅读推广活动长期以面向校外读者办理借阅证提供简单借阅服务为主，以信息素养培训、举办讲座为辅，活动并没有充分运用先进的工作理念和技术手段组织起长效的阅读兴趣培养和阅读能力提升活动，也没能借鉴国外高校图书馆的成功经验，细分校外读者类型（包括特殊人群），简化工作流程和手续，为读者提供精准的阅读推广服务。

---

① 鄂丽君．基于问卷调查的高校图书馆阅读推广现状分析与思考［J］．图书馆工作与研究，2016（2）：101–104，123.

第四节　高校图书馆社会化阅读推广策略

高校图书馆在开展社会化阅读推广工作过程中，虽然面临着诸多困难和挑战，但在拥有独特的资源、人才、技术优势条件下，高校图书馆不应该只是全民阅读推广事业的被动参与者，而应该独立自主或联合其他主体开展面向社会大众的阅读推广活动，以实现全民阅读推广主体的历史责任和使命。

一、提高认识，建立社会化阅读推广机制

（一）转变思想观点

转变思想是高校图书馆开展社会化阅读推广工作需要首先解决的问题。众所周知，国家建设的高校和图书馆，是全社会的公共文化资源。高校图书馆必须要树立资源共享的观念和读者至上的理念，最大限度地提高图书馆资源利用率，促进信息知识的传递和共享。一方面，高校领导要转变观点，跳出单一的教育圈子，树立大教育观，在满足校内师生文献资源需求的基础上，积极落实“开门”和“走出去”政策，满足社会大众文化服务需求。另一方面，高校图书馆要转变服务理念，敢于迎接挑战，勇于接受任务，积极创新服务模式，丰富服务项目，满足校外读者阅读的愿望和阅读能力提升的需求。同时，高校图书馆要善于学习先进的工作理念，善于开展工作总结，促进理论与实践结合，保证工作体系的循环性和持续性，实现工作效益的不断提升。

（二）健全规章制度

在全民阅读推广工作中地位的模糊性和重要性，是高校图书馆开展工作中的一对显著矛盾，需要国家和行业主管部门尽快完善相关图书馆法、高等学校图书馆法来予以明确和解决。高校图书馆在积极推进相关法律法规制定完善之前，高校管理者应基于现有的工作基础，尽量超越目前“有限责任”的范畴，在制定实施“十三

五”规划过程中，勇于将社会化阅读推广引入图书馆工作范畴。高校图书馆在图书馆发展规划指导下，积极将社会化阅读推广列为年度工作要点，积极探索创新校外读者服务模式和内容，完善阅读推广部门职责、阅读推广人负责制等相关工作制度，弘扬图书馆精神，树立馆员社会化服务理念。

（三）加强宣传引导

阅读推广工作需要图书馆善于开展宣传工作。高校图书馆首先要树立市场观念，利用营销管理等知识和手段开展宣传工作。例如，采用综合式销售策略，根据社会读者图书借阅量、遵守图书馆纪律等情况，给予社会读者更多的图书馆使用权限，鼓励他们更多地利用高校图书馆；对协助图书馆开展推广活动的社会读者提供更多的优惠政策，鼓励读者参与图书馆的宣传推广，引导大众利用图书馆。另外，高校图书馆要树立品牌意识，提升推广活动的知晓度、参与度和认可度；要树立互联网思维，应用现代网络技术，立体化宣传推广服务和资源，如上文中提及的哈佛大学图书馆与 Google 合作的案例。

二、内外兼顾，完善社会化阅读推广主体体系

（一）加强自身主体建设

1. 健全组织机构

第一，成立专门组织机构，配置专人负责社会读者阅读推广工作。第二，开设独立校外读者阅读服务空间，培养校外读者阅读习惯和提升其信息素养。第三，加强学科馆员建设，构建和完善信息共享空间，并增强城市第三空间、创客空间、制造空间等功能，为社会创意经济、文化发展提供平台。第四，增加校外大众阅读支点，扩大流动图书馆、田间图书馆和自助图书借阅系统的覆盖面。第五，参加各类阅读推广人培训活动，实行阅读推广人负责制，提升馆员社会化阅读推广理论水平和实践工作能力。

2. 丰富主体成员组成结构

招纳具有营销、艺术、计算机等专业特长馆员，强化营销宣传工作，提高大众关注度；建设特色数据库、OA资源库和机构知识库等资源，并运用互联网与自媒体、大数据和VPN等技术手段共享网络资源。此外，通过评选、培养校内阅读推广大使等活动，吸纳整合学校师生、退休教职工和校友资源，开展专家讲座、阅读分享会、创设阅读基金等活动，提高大众阅读兴趣和素养。

3. 成立校级阅读推广组织

完善学校层面的推广组织机制，建立健全三级管理机制[①]，联合教务处、学工部、团委等校内部门，参与落实《全民阅读“十三五”时期发展规划》，实施全民阅读“七进”工程，为市民提供丰富的精神食粮；组织培训读者协会和青年志愿者队伍，参加“书香中国”系列活动，举办图书漂流、玩具图书馆、阅读理疗等活动，为社会大众特别是老年人、儿童等特殊群体读者提供专题阅读服务活动。早在抗战时期，燕京大学就通过整合学校图书馆等部门资源，建立巡回图书馆，提高农民识字率；创办农民学校，增加农民农业科学知识和文化水平[②]。

（二）促进阅读推广联盟建设

美国学者贝克（Baker Shirley K）等提出：“今天的图书馆正处于一个相互依赖的时代，每一个图书馆都必须摆脱自给自足的状态，必须随时准备将自己所藏的资料提供给世界各地的其他图书馆。”[③]高校图书馆参与建设阅读推广联盟，不仅能促进自身和其他联盟主体建设，也是发挥全民阅读推广主体作用的重要途径。

1. 阅读推广联盟类型

阅读推广联盟从成员的性质和级别角度进行分类，可分为2大类、4小类，

---

① 李明，王德银．基于量化分析下的高校图书馆阅读推广体系构建［J］农业图书情报学刊，2016，28（8）：22–29.

② 赵静．高校图书馆的功能演进［M］．北京：清华大学出版社，2016：28.

③ Baker S.K，Jackson M.E. The Future of Resource Sharing［M］.New York：The Ha Worth Press inc，1995：206.

详情见下表。由于高校图书馆不在第 1 小类的范畴，同时文章下节将单独讨论第 4 小类，所以此小节将着重对第 2 和第 3 小类进行分析，并将两者合并为一种模式即异质同级性阅读推广联盟。此种联盟不仅能有效整合社会各类资源，也能有效促进高校图书馆之间、高校图书馆与其他联盟主体之间的交流与合作。

表 5　阅读推广联盟类型统计表

大类	小类		典型成员
同质性	1. 同质异级性		国家图书馆、省级图书馆、市级图书馆、县级图书馆等
	2. 同质同级性	异质同级性	公共图书馆、高校图书馆、专业（科研）图书馆、儿童图书馆等
异质性	3. 异质同级性		高校图书馆、艺术文博群文机构、媒体出版发行机构、行业协会、公益组织等
	4. 异质异级性		国际组织、国家图书馆学会、高校图书馆、政府、书店、中小学、企业、社区图书室、农家书屋、民间阅读组织、个人等

2. 阅读推广联盟主体建设

根据高校图书馆在联盟中所处的地位不同，可以将联盟分为高校图书馆主导型和参与型两种。但无论高校图书馆所处哪种类型的联盟，都应该注重加强以下几点工作，促进联盟主体建设。第一，支持联盟成立常设管理机构（机构内最好再细分领导机构、秘书处、工作组、联络组等部门），并为机构提供专职人员和教师、学生志愿者队伍，加强机构人力资源建设。第二，提倡联盟内人才流动机制，积极开展成员间的人员交流培训工作，并整合校内教学资源予以配合支持。第三，积极参加其他类型图书馆阅读推广联盟，促成联盟与联盟之间的强强联合，例如“阅读火箭”活动与美国教育协会合作开展“读遍美国”运动，此类经典成功案例值得学习借鉴①。

三、联合活动，提升社会化阅读推广活动效益

其他阅读推广主体，主要指表 2 中第 4 小类联盟中的成员。具体到某一高校图书馆时，其对国际图联、中国图书馆学会等主体的影响力甚微，所以此处探讨

① 赵俊玲，郭腊梅，杨绍志 . 阅读推广：理念 · 方法 · 案例［M］. 北京：国家图书馆出版社，2013：119.

的其他主体，主要指社区图书室、农家书屋、书店、企业和个人。虽然其他主体的综合阅读推广能力相对弱小，但他们却是高校图书馆社会化阅读推广工作的前沿阵地，同时高校图书馆通过扶持其他主体建设，联合其他主体开展活动，也是现阶段发挥自身优势，弥补自身不足，落实社会化阅读推广工作的一条捷径。

（一）增强其他主体活动基础

高校图书馆可以通过统一采购、联合编目、馆际互借、文献传递、技术指导、资源捐赠等手段，支援协助其他主体的硬件和软件建设，推进文化服务社区化、普及化和均等化，为大众提供便利的阅读场所和丰富的阅读资源，打通社会化阅读推广“最后一米”和“最后一平方米”。例如在德国、英国和丹麦等国家，对于高校利用率不高的资源和设施，如果在乡镇和社区图书馆还能得到有效利用，可以由省、市图书馆学会或所属区域文化管理机构牵线搭桥，在高校与基层图书馆之间开展对口支援活动[①]。在国内，部分高校图书馆联合当地有关单位共建图书馆分馆，由高校图书馆直接承担分馆建设工作，管理使用权则交由合作单位。

（二）提升其他主体工作能力

授人以鱼不如授人以渔，高校图书馆有能力也有义务整合学校教学资源以提升其他主体工作人员的活动能力，例如通过共享《阅读学》《信息检索》等阅读推广人培训课程，为其他主体工作人员提供线上学习资源。高校图书馆还可以通过线下组织专项训练为其他主体开展培训活动，例如贵州师范大学图书馆组织实施的“阅课堂”——面向幼儿教师的专业阅读推广活动，专门开设了《阅读堂——学前书刊阅读》系列课程，活动对象不仅包括本校学前教育专业本科生，还包括参加“国培计划”的幼儿园和中小学教师，有效提升教师们的阅读推广能力[②]。

（三）联合其他主体开展活动

高校图书馆应该主动联合其他主体，利用自身优势带动其他主体开展活动，

① 王彩云．论高校图书馆与公共文化服务体系的构建［J］图书馆工作与研究．2010（1）：27–29.

② 陈进，李笑野，郭晶．高校图书馆阅读推广案例精编［M］．北京：海洋出版社，2017：360–368.

同时利用其他主体的资源补充自身的不足，共同开展社会化阅读推广工作。在此过程中，高校图书馆不应全面撒网而应突出重点，要坚持循序渐进的原则。首先应细化读者，优先为急需信息帮助和急需提高自身文化素质的读者提供服务，例如联合书店和社区图书室，应用微信、微博等网络自媒体技术，以邮寄的方式为农民工、下岗人员、残疾人士开展图书借阅服务；联合工矿企业为员工开展信息素养教育、图书馆介绍和继续教育培训；联合社区，为儿童提供阅读兴趣培养服务，如南京财经大学与栖霞区仙林新村社区合作，为社区儿童建立了“玩具图书馆”①。随着自身实力不断增强，联合工作机制日益成熟，再逐步开展专业性更强、资源要求更高的推广活动，例如联合少年宫、博物馆合作开设家庭课程、早教项目；联合民间阅读组织或个人，为他们提供阅读活动空间和资源，协助他们解决活动的方向性、持续性和效益性等问题；联合公益组织开发阅读推广项目等。

近年来，我国全民阅读推广主体的建设取得了长足进步，特别是各类型图书馆的升级换代成绩显著。但面对众多的社会读者和日益复杂的读者阅读需求，图书馆的数量和服务能力仍显不足，全民阅读推广事业压力不降反增。新常态下，继续让公共图书馆代表图书馆界独扛全民阅读推广事业大旗已不是正确的发展方向，高校图书馆作为图书馆界的重要一分子和公共文化服务体系中的重要组成部分，有责任、有义务、有能力通过开展面向社会读者的阅读推广活动，不断发挥全民阅读推广工作的主体地位作用，为社会大众提供优质长效的阅读推广服务。

① 南京财经大学为社区儿童建立“玩具图书馆”[EB/OL].[2015-03-03].http：//mt.sohu.com/20150303/n409306573.shtml.